TRAITÉ

DES TRANSACTIONS.

PARIS. — IMPRIMERIE DE CARPENTIER-MÉRICOURT,
Rue Traînée, N° 15, près St-Eustache.

TRAITÉ
DES TRANSACTIONS,

SUIVANT LES PRINCIPES

DU DROIT FRANÇAIS,

TANT D'APRÈS LES LOIS ANCIENNES QUE D'APRÈS
LE CODE CIVIL;

OU

MOYEN DE PRÉVENIR LES PROCÈS

ET DE TERMINER LES DIFFÉRENDS A L'AMIABLE.

PAR F. RIGAL,
Avocat à Toulouse.

PARIS,
ALEX-GOBLET, LIBRAIRE,
RUE SOUFFLOT, N° 4.

1834.

PRÉFACE.

On entend toujours et partout se récrier contre les procès; maudire les avocats, les avoués, les gens d'affaires en général, comme s'ils étaient la cause de leur existence et qu'il dépendît d'eux qu'il n'y en eût pas. Que l'on s'élève contre les procès, que l'on déplore leurs fâcheux résultats, ce n'est certes qu'avec trop de raison; c'est en effet une bien mauvaise chose que les procès; ils sont le tourment et le fléau de la plupart de ceux qui y sont engagés, et le plus souvent la ruine des familles. Mais qu'on s'insurge contre les gens d'affaires, c'est en quoi on n'a pas raison et ce qu'il y a d'inique dans ces sorties de mauvaise humeur. Qu'il n'y ait quelques abus du côté de ceux qui dirigent les procès, de la part de quelques officiers ministériels, tendant à les prolonger, ou à multiplier quelquefois les frais par des procédures inutiles, cela pourrait être; je n'avoue ni ne conteste; mais encore, dans ce cas, il serait facile de les justifier. Cela peut dépendre, et cela n'est que trop souvent vrai, de l'exigence de la loi et de la rigoureuse exactitude avec laquelle elle veut être accomplie à peine de nullité; cela dépend du doute dans lequel certains textes de loi peuvent vous jeter par leur obscurité, leur équivoque, leur ambiguité et les antinomies qu'ils présentent; c'est la crainte de ne pas suffisamment satisfaire à la loi par la difficulté de lui donner une interprétation juste, qui oblige souvent de faire de doubles emplois, de faire des actes surabondans que la prudence commande, et de prolonger les délais prescrits, par exhubérance de précaution, afin d'éviter des nullités qui, non seulement entraîneraient la perte de beaucoup de frais déjà faits, mais encore, en beaucoup d'occasions, la péremption de l'action elle-même.

Mais s'il y a des abus en cette partie, et où n'y en a-t-il pas? Quel est l'état, quel est la profession où il ne s'en rencontre? Il est inutile d'en faire l'énumération : il y en a partout, jusques dans la religion, et peut-être plus ici qu'ailleurs : il faut donc, pour être juste, se récrier sur tout, s'élever sur tout et contre tout, ou se taire généralement sur tout.

Maintenant quelle est la véritable cause des procès? Elle est, sans contredit, dans la nature de l'homme, dans son imperfection, dans les travers de son esprit, dans ses passions surtout et dans ses caprices. Dans son imperfection, parce que son esprit est borné, et que, soit celui qui fait la loi, soit celui qui l'interprête, n'ont pas les lumières suffisantes, les lumières assez étendues, l'un pour tout prévoir et tout régler, l'autre pour la voir dans son véritable point de vue; et que ni l'un ni l'autre ne savent pas même toujours avec la meilleure foi, la meilleure intention et le meilleur esprit du monde, tirer de justes inductions de l'équité naturelle, base fondamentale de toutes les lois. Dans les travers de son esprit, parce que la confusion de ses idées le fera marcher à tâtons, et lui fera prendre le plus souvent l'un pour l'autre, faute de savoir ou de pouvoir bien distinguer au juste les objets. Dans ses passions et dans ses caprices; oh! c'est ici sans doute la plus grande pierre d'achoppement. Il n'est rien qui aveugle tant les hommes que la passion, qui les rende si injustes et si sourds à la voix de la raison; elle les agite, les transporte et les place au rang de la brutalité; s'ils conçoivent quelque chose qu'ils croient être dans leur intérêt, ou qui flatte leur orgueil et leur vanité, rien ne saurait faire changer leur sentiment et les soumettre à l'autorité de la raison. Il en est à peu près de même du caprice; avec cette différence que celui qui est mû par les passions n'est pas maître de lui-même, qu'elles absorbent entièrement ses sens et sa raison, et le réduisent à la condition d'une folie complète, tandis au contraire que le caprice est une bizarrerie d'esprit, une obstination volontaire qui porte celui qui en est entaché à agir, avec un dessein formel et bien étudié, contre tout ce qui pourrait résulter de sa conduite déloyale, dans le sens contraire à celui vers lequel il devrait naturellement diriger son action, et qu'il connaît lui-même.

Ainsi, pour anéantir les procès, il faudrait pouvoir faire disparaître les mauvaises qualités de l'homme, tous ses vices et ses défauts; et comme c'est une chose impossible, il est aussi impossible que le reste puisse jamais avoir lieu : on a beau faire, avec cette manière d'être il y aura toujours des divisions, des différends, des contestations parmi les hommes, ce qui est la source féconde des procès.

Mais s'il est impossible d'éviter ces différends et ces contestations, d'empêcher qu'ils ne puissent exister, il est du moins possible d'en adoucir l'amertume et l'âcreté, d'étouffer les procès dans leur cours et de les prévenir même : c'est par la voie de la *transaction* que l'on peut obtenir cet heureux résultat.

C'est aussi dans ces vues et par l'intérêt que l'humanité m'inspire, comme par le désir que j'ai de me rendre utile en particulier à mes concitoyens, que j'ai hasardé de leur faire part de mes faibles lumières et d'entreprendre ce *Traité des Transactions*. Si le succès secondait mes efforts, mes vœux seraient accomplis, et je pourrais me rendre ce témoignage flatteur d'avoir contribué à entretenir parmi les hommes la paix et la concorde, à les faire jouir, sous ce rapport, d'un bonheur aussi parfait qu'il est possible de l'espérer ici bas, en les engageant à terminer à l'amiable les différends et les procès, et d'écarter, par ce moyen, loin d'eux une des plus grandes causes qui puissent troubler ce bonheur.

Comme il peut encore se présenter des questions à traiter sur les transactions d'après les anciens principes, et comme d'ailleurs les nouvelles lois sont à-peu-près toutes basées sur les lois anciennes, j'ai cru devoir bien faire de présenter ce Traité tant sous le rapport de l'ancien droit que sous celui du nouveau. D'un autre côté, ce livre étant destiné à être entre les mains de tout le monde, des particuliers comme des avocats et autres gens d'affaires, à raison de sa très-grande utilité, et que chacun, la plus grande partie sans doute des individus, n'a pas en sa possession les livres des lois sur lesquelles les principes de la matière sont appuyés, j'ai cru ne pas devoir me borner à les citer seulement, mais à les rapporter textuellement à-peu-près dans toutes les occasions qui m'ont paru l'exiger, afin de mettre chacun à portée d'en tirer les inductions que sa manière de voir pourra lui suggérer.

Mon intention était de faire suivre le *Traité des Transactions* par celui *des Arbitrages*, qui semble se lier assez étroitement avec celui-ci, comme tendant l'un et l'autre au but commun de terminer à l'amiable les différends et les contestations, d'abréger, d'éteindre ou de prévenir les procès; mais des circonstances particulières et imprévues m'ont fait renoncer, pour le moment, à ce travail qui ne peut qu'être également fort utile, sous ce même point de vue. J'espère cependant que dans peu je pourrai m'en occuper, et que cet ouvrage ne tardera pas à être offert au public comme le gage le plus précieux qui puisse être en mon pouvoir de l'intérêt bien sincère que je lui porte.

TRAITÉ

DES

TRANSACTIONS.

INTRODUCTION.

NATURE DE LA TRANSACTION.

1. La transaction est un accord ou une convention entre deux ou plusieurs personnes, qui, pour prévenir ou terminer un procès dont l'évènement est douteux et incertain, règlent de gré à gré leur différend. *Qui transigit, quasi de re dubiâ et lite incertâ neque finitâ, transigit* (Loi 1re, D. *de transactionibus*). *Propter timorem litis* (Loi 2, C. *eod. tit.*) *Litigiis jam motis et pendentibus, seu postea..... movendis* (Loi dernière, C. *eod. tit.*).

Le Code civil, art. 2044, la définit ainsi : « La transaction est un contrat par lequel les parties terminent une contestation née, ou préviennent une contestation à naître. »

« Les transactions (dit M. de Catelan, liv. V, ch. 46) sont des actes très-considérables de la société civile ; les plus puissantes considérations les rendent dignes d'une grande recommandation, et ont fait dire que celui qui perd en transigeant gagne beaucoup, parce qu'il évite un procès : *multum lucratur qui a lite discedit.* »

Il n'est donc pas nécessaire qu'un procès soit actuellement né pour pouvoir qualifier de transaction un accord passé entre deux ou plusieurs personnes; il suffit pour cela que le différend fût sur le point de faire la matière d'un procès entre elles, *super lite mota vel movendâ* (L. 2, C. *de transactionibus*); et c'est ce que le Code civil a très-bien rendu en ces mots : *ou préviennent une contestation à naître.*

2. Ces sortes de conventions terminent ou préviennent les procès de plusieurs manières, selon la nature des différends et la volonté des parties. Ainsi celui qui avait une prétention, ou s'en désiste, ou en obtient une partie, ou même le tout. Ainsi, celui à qui on demande une somme d'argent, ou paie, ou s'oblige, ou est déchargé en tout ou en partie. Ainsi, celui qui contestait une garantie, une servitude ou quelque autre droit, ou s'y soumet ou s'en affranchit. Ainsi, celui qui se plaignait d'une condamnation, ou la fait reformer, ou y acquièsce; et on transige enfin aux conditions dont on veut convenir, selon les règles générales des conventions.

3. Il suit de ce que nous venons de dire, que pour qu'il y ait réellement transaction, il faut que l'une des parties, ou réciproquement l'une à l'autre, donne, ou retienne, ou promette quelque

chose. *Transactio enim* (dit la loi romaine 38ᵉ, c. *de transact.*) *nullo dato, vel retento, aut promisso, minime procedit; ut partem bonorum susciperet, et a lite discederet* (lib. VI, *cod.*); *nihil ita fidei congruit humanæ quàm ea quæ placuerant custodiri* (lib. XX, *cod.*; *toto tit.*, *ff.*, *etc.*, *de transact.*).

4. Sur la loi 38ᵉ du Code, Domat observe qu'il ne faut pas prendre à la lettre ce qui y est dit « qu'il n'y a point de transaction si l'on ne donne ou ne promet rien, ou si on ne retient quelque chose; » car, dit-il, on peut transiger sans rien donner, et rien promettre, ni rien retenir. Et il cite pour exemple une caution qui pourrait être déchargée de cette demande par une transaction, sans que de part ni d'autre il fût rien donné, rien promis, ni rien retenu; mais il est facile de voir que ce célèbre auteur est manifestement tombé dans l'erreur; car il est évident que le créancier, dans ce cas-là, relâche bien de ses droits en abandonnant la caution, en renonçant à sa garantie, lorsqu'il pourrait les conserver, du moins à certains égards; *il donne, il abandonne* ce droit à cette caution avec laquelle il transige; *il promet* de ne plus se prévaloir de son cautionnement, de ne plus la rechercher à cet égard. Il est donc de la nature, de l'essence de la transaction qu'il y ait l'une de ces trois conditions : *don* ou *abandon*, *rétention*, ou *promesse* de quelque chose de la part de l'une ou de l'autre des parties, ou réciproque-

ment de l'une à l'autre. Et Ferrière a raison de dire, dans son Dictionnaire de pratique (v. *Transaction*), suivant la loi romaine, que sans cela le contrat ne serait pas une transaction, mais un acte par lequel on renoncerait *gratis* et libéralement aux droits qu'on pourrait prétendre. D'où suit, au surplus, que l'exemple de Domat est mal choisi ou mal présenté, parce que, s'il n'y a d'accord sur le cautionnement qu'entre le créancier et la caution seulement, sans qu'aucune difficulté relative à ce cautionnement y ait donné lieu, il n'y aura pas de transaction proprement dite, mais un simple renoncement, un simple abandon du cautionnement; enfin un simple dégagement de la caution, gratuitement et libéralement accordé à cette même caution (voyez chapitre 6, art. 2, ci-après.)

CHAPITRE Ier.

FORME DE LA TRANSACTION.

1. Sous l'ancien droit les transactions n'exigeaient pas plus de formes que les conventions ordinaires. La loi 28e, c. *de transact.*, déclare qu'il importe peu si l'on transige en jugement ou dehors, par écrit ou devant témoins, et que dès qu'il y en a une preuve légale, c'est tout ce qu'il

faut. Domat dit qu'il faut, pour constater la vérité d'une transaction et les conventions des parties, que la transaction soit rédigée par écrit. Mais cependant, dans le ressort du Parlement de Flandre, si l'objet litigieux n'excédait pas 100 fr. ou 300 florins, rien n'empêchait qu'on n'en reçût la preuve par témoins.

2. Sous notre nouvelle législation, les transactions doivent être constatées par écrit, de quelque somme qu'il s'agisse. L'art. 2044 du Code civil, après avoir défini la transaction, ajoute : « Ce contrat doit être rédigé par écrit », et il ne fait aucune distinction. Cependant, sous ce nouveau régime, et malgré le texte précis de la loi, on a soulevé la question de savoir si la preuve par témoins que les parties ont transigé sur leurs différends, pourrait être reçue dans le cas où l'objet serait d'une valeur qui ne s'éleverait pas au-dessus de 150 francs. M. de Malleville, traitant cette question sur notre article, paraît incliner pour l'affirmative, sous prétexte de ce qu'ont dit les orateurs du gouvernement et du Tribunat sur l'article 1782 du Code, relatif à la vente.

Nous ne saurions nous décider à partager cette opinion : les expressions de la loi nous paraissent trop claires, trop précises pour permettre cette modification. Premièrement, parce que nous pensons que l'écriture qui est de l'essence de la transaction, n'est pas de l'essence de la vente, et que ce dernier contrat est parfait par le seul consentement, *solo consensu perficitur;* et quand l'article 1782 dit que la vente peut être faite par écrit privé ou par acte public, il n'a point entendu proscrire le principe dont nous venons de parler, que la vente est parfaite par le seul consentement, mais seulement qu'on pouvait employer l'une et l'autre forme sans encourir la peine de nullité. Secondement, parce que la loi s'exprime en des termes impératifs et absolus; que, dans ce cas, il faut l'accomplir dans toute sa rigueur; que, d'un autre côté, cet article ne fait point de distinction, comme l'observe fort bien M. Merlin, que dès-lors il ne nous est pas permis d'en faire : *ubi lex non distinguit, nec nos distinguere debemus.* La raison est simple : tout serait autrement à l'arbitraire du juge, autant vaudrait qu'il n'y eût point de loi. Troisièmement, si le législateur avait voulu soumettre ce cas à la règle tracée par l'art. 1341, il s'en serait certainement expliqué, puisque notre art. 2044 est postérieur à l'art. 1341. Qu'ainsi, d'après la règle que *posteriora prioribus derrogant*, l'art. 2044 n'ayant point fait la distinction établie par l'art. 1341, c'est-à-dire qu'après avoir dit absolument que la transaction *doit être rédigée par écrit*, elle n'a point ajouté : « sauf le cas où la valeur n'excéderait pas la somme de 150 fr. », ou autres termes approchans, il est clair que le législateur a entendu qu'en resteignant la disposition de cet article et la maxime *posteriora*, dans le cas particulier qu'elle renferme, toute transaction, de quelque valeur dont il puisse s'agir, soit rédigée par écrit, sans distinction aucune.

3. L'existence de la transaction peut être établie par l'*aveu de la partie*.

Rien de plus raisonnable. *Nulla est major probatio quam rei confessio ;* et cette manière ne contrarie en rien le principe qui vient d'être établi sur le fondement de l'article de la loi; au contraire, elle y est parfaitement conforme, si l'on entend comme l'on doit l'entendre, un aveu judiciaire, ou un aveu extra-judiciaire *constaté par écrit*; car autrement, comme le dit l'art. 1355 du Code civil, l'allégation d'un aveu extra-judiciaire purement verbal est inutile toutes les fois qu'il s'agit d'une demande dont la preuve testimoniale ne serait point admissible. Je dis que hors ce cas, qui ne s'applique nullement à la transaction, comme je crois l'avoir prouvé, la transaction est parfaitement établie conformément à la loi; puisque cet aveu, soit judiciaire, soit extra-judiciaire, est toujours écrit. En effet, si c'est devant le tribunal et à l'audience que la partie fasse l'aveu, il sera constaté dans le jugement, ou par l'acte particulier que le tribunal donnera à l'autre partie sur sa demande, lesquels actes sont des plus authentiques; si c'est dans les réponses à un interrogatoire sur faits et articles, il est également écrit dans le procès-verbal dressé par le juge-commissaire, qui est aussi un acte authentique; enfin, dans le troisième cas, c'est-à-dire s'il est extrajudiciaire, il doit être également écrit, suivant ce que nous avons dit plus haut; par conséquent, dans tous ces cas le vœu de la loi est parfaitement rempli, puisque tous renferment les conditions implicites ou explicites de la loi, qui veut que la transaction soit rédigée par écrit; c'est-à-dire que l'accord ou l'acte fasse mention de l'objet sur lequel on transige, les diverses conventions qui ont été faites, les conditions, etc.; car on ne peut faire d'aveu que sur un objet déterminé, et sur les diverses prétentions détaillées de celui qui veut s'en prévaloir : dès-lors toutes ces circonstances doivent naturellement se trouver dans ces différens aveux (voyez ci-après, ch. 4, notamment l'art. 3).

CHAPITRE II.

DES PERSONNES QUI PEUVENT TRANSIGER.

ART. Ier. *Tous ceux qui ont la capacité de contracter, ont aussi la capacité de transiger des objets dont ils peuvent disposer.*

La transaction est un contrat : or tous ceux qui ont la capacité pour contracter ont aussi la capacité pour transiger, et toute personne peut contracter si elle n'en est pas déclarée incapable par la loi (art. 1123 du Code civil). L'art. suivant, 1124, déclare incapables de contracter : « les mineurs, les interdits, les femmes mariées, dans les cas exprimés par la loi, et généralement tous ceux à qui la loi interdit certains contrats ».

L'art. 2045 de notre titre s'exprime ainsi : « Pour transiger, il faut avoir la capacité *de disposer des objets compris dans la transaction* ».

Cette manière de s'exprimer de cet article semble vouloir faire donner un tout autre sens à la capacité de transiger qu'à la capacité de contracter en général, d'après les règles établies par les art. 1123 et 1124, que nous avons cités. Mais en réfléchissant, on doit voir que c'est toujours une suite, une conséquence des mêmes principes ; que seulement c'est, suivant nous, une manière un peu bizarre de s'exprimer, et pour marquer qu'il n'est permis à personne de transiger que sur une chose qui vous appartient en propre. Car il est certain que personne, dans aucun temps ni dans aucun lieu (au moins dans les pays civilisés, et où le droit n'est point la force), ne peut disposer de la chose ou du bien d'autrui, à moins que l'on n'y soit autorisé par le véritable propriétaire, en vertu du mandat qu'il vous en donne pour agir en son nom (v. art. 5, *inferius*). C'est donc, ce nous semble, bien improprement que la loi emploie ces expressions : qu'*il faut avoir la capacité de disposer de l'objet compris dans la trans-*

saction pour pouvoir transiger; et qu'il aurait été plus simple et moins surprenant de dire que pour transiger il faut avoir la capacité de *contracter*. Car autrement on ne se décide guère, pour mieux dire, on ne se décide jamais à transiger sur un différend, pas plus qu'à passer tout autre acte, qu'après avoir pesé les avantages qui pourraient résulter de cette démarche; et tel qui par une transaction a l'air de faire des sacrifices en abandonnant quelque chose de ses droits, gagne infiniment à faire cet abandon en calculant les suites que pourrait amener un procès dont l'issue ne serait point heureuse : *multum lucratur qui a lite discedit*. Comment donc cette transaction pourrait-elle être exécutée, si celui qui transige n'avait point capacité pour disposer des effets qui y sont compris.

D'un autre côté il semblerait, d'après les expressions de notre article 2045, qu'il suffirait d'avoir *la capacité de disposer* des objets compris dans la transaction pour passer ce contrat, par exception à la règle générale tracée par les art. 1123 et 1124, conformes en cela aux principes universels, de manière que tous ceux qui sont interdits de passer tout autre contrat seraient pourtant aptes à passer celui-ci, c'est-à-dire à transiger.

Mais il ne faut pas se faire illusion : cet art. 2045 doit s'interpréter et se prendre dans le sens ordinaire et général, conformément aux dispositions des art. 1123 et 1124; car ces deux articles posent la règle fondamentale, fixe et immuable de la capacité de contracter; elle est commune à tous les contrats : par conséquent, la transaction étant un contrat, toute personne qui n'aura pas cette capacité n'aura pas plus celle de transiger. En prenant donc l'art. 2045 tel qu'il est, il n'y a qu'à ajouter et sous-entendre les mots : *et de contracter*. Dire en effet que pour transiger il faut avoir la capacité de *disposer*, etc., c'est bien exclure implicitement de cette faculté tous ceux déclarés incapables de *contracter* par la règle générale posée par les art. 1123 et 1124, puisqu'en effet ceux-ci n'ont réellement la faculté de disposer de leurs biens par eux-mêmes, que suivant la manière et les conditions déterminées et voulues par la loi, comme on va le voir dans l'article suivant.

ART. 2. *Conditions d'après lesquelles le tuteur peut transiger pour son mineur.*

1. L'art. 2045 dit encore : « Le tuteur ne peut transiger pour le mineur ou l'interdit que conformément à l'art. 467, au titre *de la minorité, de la tutelle et de l'émancipation*; et il ne peut transiger avec le mineur devenu majeur que conformément à l'art. 472, au même titre.

Il faut donc se rapporter aux articles cités par cette disposition de la loi pour savoir les prescriptions qui sont faites au tuteur dans ces divers cas.

Or l'art. 467 porte : « Le tuteur ne pourra

transiger au nom du mineur qu'après y avoir été autorisé par le conseil de famille, et de l'avis de trois jurisconsultes désignés par le procureur du roi près le tribunal de première instance.

» La transaction ne sera valable qu'autant qu'elle aura été homologuée par le tribunal de première instance, après avoir entendu le procureur du roi. »

2. Le droit romain autorise le tuteur à transiger sur les intérêts de son pupille, sans autre autorisation, dans les cas seulement où la transaction ne dépossède pas le pupille d'une chose dont l'aliénation excède le pouvoir du tuteur (L. 45, 55, dernier, ff., *de administratione et periculo tutorum ;* l. 54, 55, dernier, l. 56, § 4, ff. *de furtis ;* et la loi 35, D. *de jurejurando*). Deux arrêts de la Cour de cassation, l'un du 4 octobre 1806, l'autre du 10 mai 1813, rapportés par M. Merlin dans son répertoire de jurisprudence, le premier au mot *curateur*, § 2 ; l'autre au mot *transaction*, § 1, à la note (1), ont confirmé ce principe.

3. Mais il ne faut pas perdre de vue que ces arrêts ne se rapportent qu'à des transactions passées par des tuteurs et curateurs, sous l'empire de ces anciens principes. Sous notre nouveau régime ces principes ne pourraient plus être suivis ; l'art. 467 s'exprime d'une manière trop générale et trop précise pour qu'il soit permis de scinder ses dispositions et de ne les rapporter qu'à un ou divers cas particuliers, comme serait celui, par

exemple, où la transaction serait relative à des immeubles ou à une action immobiliaire. La loi nouvelle s'étend et s'applique généralement à tous les cas sans exception, aux actions *mobilières* comme aux actions *immobilières*. Elle s'exprime en termes généraux ; il faut donc la prendre dans sa généralité : *ubi lex generaliter loquitur, generaliter est accipienda;* elle ne distingue point : *ubi lex non distinguit nec nos distinguere debemus;* et elle est claire et précise, par conséquent non susceptible d'interprétation : *si negotium lege palam definitum sit, legis moderatio soli principi reservata est* (l. 1, c. de legib.). *Minimè sunt mutanda quæ interpretationem certam semper habuerunt.* Enfin, lorsque la loi est claire et précise, ce n'est pas parce que la raison vous dira qu'il faudrait qu'elle dît autre chose qu'il vous sera permis d'y ajouter ou d'en distraire : *leges vim suam et potestatem trahunt, non à ratione, sed ab autoritate constituentis;* il faut la prendre telle qu'elle est : *dura lex sed servanda.* Ces principes sont professés également par M. Delvincourt (v. cet auteur, aux notes, t. 1, p. 459). M. Merlin, dans son répertoire, au mot *transaction*, § 1, n° 3, professe cette même opinion, et dit : « Mais aujourd'hui, *dans tous les cas*, le tuteur ne peut transiger, etc. » : il transcrit l'art. 467 du Code civil.

4. Pour que la transaction faite par le tuteur soit valable, il faut absolument : 1° que les trois

conditions préliminaires prescrites par la loi pour faire la transaction soient remplies, savoir : autorisation du conseil de famille; avis de trois jurisconsultes désignés par le procureur du roi près le tribunal de première instance, et que ce soit le procureur du roi ou ceux qui le remplacent, en un mot, le ministère public lui seul, qui les désigne; 2° que la transaction elle-même soit homologuée par le tribunal de première instance, après avoir entendu le procureur du roi (le ministère public). Cette dernière condition aussi, relative à l'audition du procureur du roi, est *sine quâ non.*

Ainsi donc c'est à tort, suivant nous, qu'on a voulu prétendre qu'il paraît résulter de l'art. 467, que l'autorisation du conseil de famille, et l'homologation du tribunal civil, après avoir entendu le procureur du roi, suffisent pour la validité de la transaction, et que l'avis de trois jurisconsultes peut n'être pas indispensable, attendu qu'il est plutôt de conseil que de rigueur.

Ce sont toujours les mêmes principes que j'ai posés dans la question précédente, relative à l'interprétation des lois, qui me guideront dans la solution de celle-ci.

Je dis donc que la disposition de la loi est claire et précise, et surtout qu'elle ordonne dans un sens impératif et absolu l'accomplissement de ces trois premières conditions : que le conseil de famille autorise le tuteur; que trois jurisconsultes soient d'avis de la transaction; et que ces trois jurisconsultes soient désignés par le procureur du roi; sans quoi, suivant l'expression de la loi, le tuteur *ne pourra transiger. Negativa præposita verbo potest tollit potentiam juris et facti, et inducit necessitatem præcisam, designans actum impossibilem* (Dumoulin, sur la loi première; D. *de verborum obligationib.*, n° 2). *Leges vim suam et potestatem trahunt, non a ratione, sed ab autoritate constituentis.* C'est aussi d'après ces principes que la cour de Turin a jugé, par arrêt du 29 juillet 1809, rapporté par Den., 1810, suppl., p. 66, que le tuteur ne peut pas, quoique autorisé par le conseil de famille, transiger au moyen d'un *expédient volontaire* sans l'avis préalable de trois jurisconsultes : la transaction peut être attaquée par voie de justice, quoiqu'elle eût été homologuée par le tribunal. Tout cela est parfaitement conforme à la maxime de droit : *irrita sunt quæ contra prohibitionem legis fiunt.*

Nous verrons plus bas, § 6, ce qu'on doit décider à l'égard des transactions faites par un père sur les droits de ses enfans.

ART. III. *Conditions d'après lesquelles les administrateurs peuvent transiger pour leurs administrés.*

Ce qu'on dit du tuteur, il faut également le dire des administrateurs qui en tiennent lieu.

L'art. 2045 se termine ainsi : « Les communes

et établissemens publics ne peuvent transiger qu'avec l'autorisation expresse du roi. »

Autrefois, suivant les lois anciennes, les communes et les établissemens publics étaient de la même catégorie que les mineurs. Il en est de même aujourd'hui; ils sont, comme ils ont été toujours, sous la loi spéciale du gouvernement; il est donc naturel qu'aujourd'hui comme autrefois, ils ne puissent transiger qu'avec son autorisation expresse.

La loi 12, c. *de transact.*, décide que les officiers municipaux d'une ville peuvent transiger, et que s'ils le font de bonne foi et sur un procès vraiment douteux la transaction doit tenir : *præses provinciæ examinabit utrum de dubiâ lite transactio inter te et civitatis tuæ administratores facta sit, an ambitiosè id quod indubitatè deberi posset, remissum sit : nam priore casu ratam manere transactionem jubebit; posteriore verò casu, nocere civitati gratiam non sinet.*

Mais il est facile de concevoir que cette décision doit être modifiée par l'esprit de la loi 4, C. *de prædiis minorum*, ainsi conçue : *non solum per venditionem rustica prædia, vel suburbana pupilli, vel adolescentes alienare prohibentur : sed neque transactionis ratione, neque permutatione, et multò magis donatione, vel alio quoquo modo ea transferre sine decreto à domino suo possunt. Igitur et tu si fratribus tuis per transactionem fundum dedisti, vindicare eum potest : sed et si quid invicem ab eis ex eodem pacto consecutus est, id mutuò restituere debes;* c'est-à-dire que s'il s'agissait d'abandonner par une transaction un bien ou droit immobilier dont la ville ou la commune serait en possession, les administrateurs ne pourraient pas le faire de leur chef; il leur faudrait pour cela, non seulement un pouvoir exprès du corps qu'ils sont chargés de défendre, mais encore une autorisation particulière du juge.

Le parlement de Flandre a consacré ces principes par un arrêt du 27 janvier 1698, rapporté par Desjaumaux, t. II.

Il y a deux autres arrêts semblables du Conseil souverain de Brabant, l'un du 21 février 1709, rapporté par Winantz, § 74; l'autre, où ce même auteur était rapporteur, pour les habitans d'un village contre l'abbesse de Roosandel.

2. L'autorisation du juge suffit aux administrateurs des biens des communautés pour transiger valablement; ils n'ont pas besoin aussi pour cela de lettres patentes du prince, malgré qu'en France on regarde comme nulle toute aliénation des biens appartenant aux gens de main-morte, lorsqu'elle n'est pas revêtue du sceau de l'autorité royale, par la raison que cette formalité est trop gênante et trop dispendieuse, et qu'on doit la restreindre aux aliénations véritables et proprement dites. Dunot, dans son traité *de l'aliénation des biens ecclésiastiques*, confirme cette assertion (voy. cet auteur).

Les raisons que donne Dunot à l'égard des gens de main-morte ecclésiastiques s'appliquent visiblement aux gens de main-morte laïques. Il est donc certain et nullement douteux qu'une transaction faite avec connaissance de cause par une communauté d'habitans, et homologuée par les juges sur les conclusions du ministère public, est valable et obligatoire. Ainsi jugé par un arrêt du parlement de Flandre, du 28 février 1771. Cet arrêt et son espèce est rapporté par M. Merlin dans son Répertoire (v. *transaction*, 8, 1, n. 4). Il a été attaqué sans succès devant le conseil du roi, qui, par arrêt du 29 juillet 1777, a ordonné qu'il serait exécuté selon sa forme et teneur, et a condamné les habitans aux dépens.

« Il faut pourtant convenir (dit M. Merlin avec un grand fondement) que même sous l'ancienne jurisprudence il y avait des raisons puissantes et des autorités graves pour la nullité des transactions que des communes faisaient sur des droits de propriété, sans l'autorisation du prince. »

Tout ce qu'on peut dire avec certitude, c'est que la cour de cassation ne pourrait pas s'empêcher de déclarer, tout au moins, qu'il n'y aurait violation d'aucune loi si quelque pourvoi était fait devant elle contre un jugement ou arrêt qui aurait jugé suivant l'ancien droit une pareille matière, en se conformant rigoureusement aux textes précis des lois, édits et ordonnances touchant cette matière, plutôt qu'en suivant l'usage adopté de n'exiger pour les transactions que l'autorisation du juge, en dispensant de l'autorisation du prince. Attendu qu'aucune aliénation de droits immobiliers ne peut être faite du chef des administrateurs, sans l'autorisation du prince, d'après les lois positives, et que la transaction, par sa nature, est un acte d'aliénation, qualifié tel par les lois.

Un arrêté du gouvernement, du 21 frimaire an XII, a même consacré cette opinion avant que le titre des transactions du Code civil fut décrété; il est ainsi conçu :

« *Art. I*[er]. Dans tous les procès nés ou à naître qui auraient lieu entre les communes et des particuliers sur des droits de propriété, les communes ne pourront transiger qu'après une délibération du conseil municipal, prise sur la consultation de trois jurisconsultes désignés par le préfet du département, et sur l'autorisation de ce même préfet, donnée d'après l'avis du conseil de préfecture. »

« *Art. II*. Cette transaction, pour être définitivement valable, devra être homologuée par un arrêté du gouvernement, rendu dans la forme prescrite pour les règlemens d'administration publique. » Et l'art. 2045 de notre code a renouvellé et étendu même cette dernière disposition, en disant que « les communes et les *établissemens publics* ne peuvent transiger qu'avec l'autorisation expresse du gouvernement. »

Art. IV. *Conditions d'après lesquelles le tuteur peut transiger avec le mineur devenu majeur.*

1. Nous avons vu que l'art. 2045 du Code dit aussi que le tuteur ne peut transiger avec le mineur devenu majeur sur le compte de tutelle, que conformément à l'art. 472.

Cet art. 472 porte : « Tout traité qui pourra intervenir entre le tuteur et le mineur devenu majeur sera nul, s'il n'a été précédé de la reddition d'un compte détaillé, et de la remise des pièces justificatives, le tout constaté par un récépissé de l'oyant-compte, dix jours au moins avant le traité. »

Comme l'on voit, la prohibition de l'art. 2045 dans ce cas n'est qu'une conséquence du principe général établi dans l'art. 472, que nous venons de transcrire (v. ci-après, ch. 6, art. 6).

2. Mais cet art. 472 exige quelques explications ; les opinions sont divisées sur le sens dans lequel il faut le prendre.

Selon les uns, l'art. 472 ne doit s'entendre que des actes qui ont pour but de soustraire le tuteur à l'obligation de rendre compte, et ne s'applique pas à la vente d'un objet *déterminé* faite par le majeur à son ci-devant tuteur : un arrêt de la cour de cassation, du 22 mai 1822, S., t. XXII, p. 284, l'a décidé ainsi ; un précédent de la même cour, en date du 7 juillet 1812, rapporté par M. Merlin, au Rép., v. *transaction*, § 5, n. 5, note (1), base l'un des considérans sur ce principe, pour prononcer *la cassation* d'un arrêt de la cour royale de Colmar, du 28 décembre 1810. C'est aussi l'opinion de M. Delvincourt, t. XIX, 1re part., p. 252.

M. Merlin est pourtant d'une opinion contraire. V. ses *Questions de droit*, 5e édition; v. *tuteur*, § 3.

Quant à nous, nous pensons que la prohibition doit s'étendre à tous les actes en général; l'expression de la loi est générale : *tout traité*, dit-elle, etc.; elle ne fait point d'exception, par conséquent elle doit être prise dans sa généralité : *ubi lex generaliter loquitur generaliter est accipienda;* et ceci est conforme à la raison. En effet, il est incontestable que le tuteur a pris, dans l'exercice de ses fonctions, de l'ascendant sur le mineur, et un ascendant tel qu'il pourrait fort facilement lui faire faire des actes qui nuiraient à ses intérêts, et tendraient à rendre le compte de tutelle illusoire, ou à peu près. Par exemple, en lui faisant passer la vente d'un objet déterminé, le mineur pourrait bien être induit à faire quittance au tuteur du prix de cet objet sans avoir rien reçu, ou en recevant un paiement simulé devant le notaire, comme cela s'est assez souvent pratiqué; de telle sorte que cet objet, qui aurait été porté dans l'inventaire des biens du mineur, dont le tuteur était responsable, se trouverait de moins dans le patrimoine du mineur, parce qu'il serait devenu gratuitement la propriété du tuteur, sous l'apparence d'une acquisition onéreuse, par l'effet de l'abus de cet ascendant qu'il avait pris sur le mineur, et de la fraude qu'il a exercée pour le tromper et pour le dépouiller, que le mineur n'aurait pu soupçonner, par la confiance que rien, jusque-là, ne l'aurait mis à même de lui refuser; que dès-lors l'acte, quel qu'il soit, peut avoir trait d'une manière indirecte au compte de tutelle, et tendre directement à porter atteinte à ses droits relatifs à ce même compte (voir ci-après, art. 6 et 9, ch. 6).

D'un autre côté, restreindre cette prohibition aux traités sur le compte de tutelle, ce serait ouvrir une voie trop facile pour éluder l'art. 907 du Code civil, qui veut que le mineur devenu majeur ne puisse disposer, soit par donation entre vifs, soit par testament, au profit de celui qui aura été son tuteur, si le compte de la tutelle n'a été préalablement rendu et apuré (sont exceptés des dispositions de cet article, les ascendans des mineurs qui sont ou qui ont été leurs tuteurs). Il serait d'ailleurs étrange qu'un tuteur ne pût valablement traiter sur le compte de tutelle avant son compte-rendu, qui n'a ordinairement pour objet que les revenus du mineur, et que cependant il pût traiter des propriétés, même foncières, de celui-ci.

De plus, il est de principe que le mineur ne cesse pas d'être réputé tel à l'égard de son tuteur, tant que ce dernier ne lui a pas rendu son compte.

Sous l'ancien droit, le pupille devenu majeur continuait, par une fiction de la loi, de jouir des priviléges de la minorité à l'égard de son tuteur, jusqu'à la reddition du compte de tutelle. Ainsi l'atteste Mornac sur les lois 4 et 5, au Code *de transactionibus*, Ferrière et Gilet dans leurs Traités sur les tutelles et curatelles; le premier, p. 352; le second, dans son chapitre 49, enseigne de plus que tous actes *étrangers ou non* au compte de tutelle étaient frappés de nullité s'ils n'avaient pas été précédés de la reddition du compte.

Sous le Code civil, la prohibition qui résulte des articles 472 et 907 est encore plus formelle. Le premier interdit *tout traité*, etc.; le second prohibe toute disposition de la part du mineur, soit par donation entre vifs, soit par testament au profit du tuteur, si le compte définitif de la tutelle n'a été préalablement rendu et apuré. Si donc le mineur devenu majeur ne cesse pas d'être réputé mineur simplement à l'égard de son tuteur tant que celui-ci ne lui a pas rendu son compte, il est conséquent de dire que le mineur ne pouvant passer aucun acte valable par lui-même, il ne le peut pas plus hors les conditions prescrites par l'art. 472, sous l'exception dont nous allons parler.

Il y a des auteurs qui induisent de l'art. 2045 la preuve que l'art. 472 ne s'applique qu'à la reddition du compte de tutelle, de cela qu'il autorise la transaction sur ce même compte; d'où ils tirent la conséquence (et l'arrêt de rejet de la cour de cassation, du 22 mai 1822, ci-dessus cité, a consacré ce principe) que l'art. 472 n'a entendu parler aussi que du compte de tutelle; mais c'est une erreur, à mon avis. Pour moi j'en tire l'induction contraire; je soutiens que la disposition de l'art. 2045 est une exception à la règle générale posée dans l'art. 472 en faveur des transactions, qui de tous les temps en ont obtenu les plus grandes, en considération que *multum lucratur qui a litè discedit*, et qu'elles sont propres à entretenir la paix et la concorde entre les citoyens; que dès lors le législateur a considéré qu'il n'y avait pas de raison de priver le mineur devenu majeur d'un avantage réel dont tous les autres jouissaient; d'où, par conséquent, on peut conclure, par la règle des exceptions : *qui de uno dicit de altero negat*, le sentiment contraire de ceux qui pensent que l'art. 2045, en autorisant la transaction sur le compte de tutelle, conformément à l'art. 472, cet art. 472 ne dispose non plus que relativement à ce même compte de tutelle. L'art. 2045 ne fait donc, au contraire, que confirmer simplement la règle générale posée par cet art. 472, d'après l'autre règle de droit que : *exceptio firmat regulam in casibus non exceptis.*

Si l'on consulte en outre l'esprit de la loi, on verra qu'il exige impérieusement que tout acte de vente, comme tout autre acte ou traité passé par le pupille avant la reddition du compte, soit annulé. En effet, de quelle importance n'est-il pas, comme d'autres l'ont dit avant moi, que le pupille connaisse l'état de ses affaires avant de consentir un contrat de vente? Aura-t-il, par exemple, la pensée de vendre un immeuble s'il est instruit que son tuteur est reliquataire envers lui d'une somme considérable? Saura-t-il parfaitement la valeur d'un domaine, si les baux qui pourraient le lui faire connaître sont en la possession de son ci-devant tuteur? D'ailleurs si l'art. 472 était restreint au compte de tutelle, les parties pourraient se soustraire fort facilement aux dispositions prohibitives de cet article, en donnant, comme je l'ai dit plus haut, la forme d'un contrat onéreux.

Enfin l'esprit de la loi n'étant autre chose que le but, la fin que le législateur s'est proposé en la faisant, l'intention, le point de vue qui l'ont dirigé dans ses résolutions législatives; et d'un autre côté, toute loi devant être basée sur les principes de la justice et de l'équité, et tendre toujours au bien public comme au bien des particuliers, il s'ensuit que dans le doute ou dans l'obscurité qu'elle présente, il faut toujours la prendre dans le sens qui répond le mieux au but et à la fin qui l'ont fait naître, et toutes les fois qu'une interprétation ne répond pas à cet esprit, il faut la rejeter : *In ambiguâ voce legis ea potiùs accipienda est significatio quæ vicio caret; præsertìm cùm etiam voluntas legis ex hoc colligi possit*, dit la loi 19, D. *de legibus*. Or, quel but et quelle fin a eus en vue le législateur en portant l'art. 472? évidemment l'intérêt du mineur; c'est-à-dire de lui conserver intact, autant que possible, son bien, son patrimoine; de veiller à ce qu'il ne puisse pas devenir la victime de la faiblesse de son âge, de son interdictton légale, et de l'ambition coupable d'un tuteur avide et déloyal. Ainsi donc, toutes les fois que nous trouvons, comme dans l'espèce, qu'en restreignant par interprétation, la loi à un seul objet particulier, tandis qu'on pourrait la prendre autant et plus judicieusement dans le sens général qu'elle présente, on aperçoit des moyens d'éluder la loi et la fin qu'elle s'est proposée, ou qu'il y a de justes raisons de craindre que cela n'arrive ainsi, il faut se garder de la restreindre; il faut la prendre dans le sens général; enfin l'interpréter de manière à remplir le but du législateur, et suppléer ce qui paraîtrait avoir échappé à sa prévoyance, ou ce qui manquerait à la clarté de la rédaction de la loi pour obtenir le meilleur résultat possible. Voilà le seul cas où il est permis de suppléer à la loi : lorsqu'elle présente de l'obscurité ou du doute; mais jamais lorsqu'elle s'exprime clairement et nettement, lors même que ses dispositions seraient vicieuses. Notre art. 472 ne se trouve pas dans le cas d'être interprété, si ce n'est, au pis aller, dans le sens favorable que nous venons de présenter, en supposant qu'il offrît du doute ou de l'obscurité, comme on veut le prétendre, ce qui ne me paraît nullement constant.

Nous avons dit que M. Delvincourt était du sentiment contraire; mais son opinion ne peut pas influer beaucoup sur la décision de cette question, parce qu'il s'est borné simplement à l'énoncer.

Quant à M. Merlin, voici comment il s'exprime en faveur de l'opinion que nous professons. Après avoir posé la question, il dit : « Cette question paraît être clairement résolue par le texte même de l'art. 472. » En effet, cet article ne fait pas de distinction; il annulle *tout traité* non précédé d'un compte de tutelle, et qui dit *tout*, n'excepte rien. De quel droit ajouterions-nous à la loi une exception que non seulement elle n'exprime pas, mais qu'elle repousse par la généralité des termes qu'elle emploie.

Il est vrai que dans l'art. 2045, placé sous le titre des *transactions*, il est dit que « le tuteur ne peut transiger avec le mineur devenu majeur, *sur le compte de tutelle*, que conformément à l'art. 472 du même titre. »

Mais de ce que cet article fait spécialement l'application à la transaction sur le compte de tutelle, de la règle établie par l'art. 472, il ne s'ensuit nullement que cette règle ne soit pas aussi générale que le comportent les termes qui l'énoncent. Il en résulte seulement que, sur la question de savoir si les transactions sont comprises sous les mots *tout traité*, employés par l'art. 472, il y a une distinction à faire; que ces mots comprennent la transaction qui peut intervenir entre le tuteur et le mineur devenu majeur, soit sur le compte de tutelle, soit sur des objets qui doivent entrer dans ce compte; mais qu'ils ne comprennent pas les transactions qui peuvent intervenir entre eux sur des contestations étrangères au compte de tutelle, par exemple, sur celles qui se seraient élevées entre eux relativement à la succession de leurs parens communs, décédés depuis que le mineur a atteint sa majorité.

On conçoit très-bien pourquoi le législateur excepte de la règle établie par l'art. 472 les transactions étrangères au compte de tutelle : c'est qu'en général, et aux termes de l'art. 2052, *les transactions ont, entre les parties, l'autorité de la chose jugée;* et que, par conséquent, il en doit être d'une transaction passée entre un mineur devenu majeur et son ci-devant tuteur, comme d'un jugement qui aurait été rendu contre eux.

Mais c'est précisément parce que cette raison emporte par elle-même et généralement, pour les transactions passées entre le tuteur et le mineur devenu majeur, une exception à la règle établie par l'art. 472, que le législateur croit devoir exclure de cette exception la transaction qui a pour objet le compte de tutelle, et le faire rentrer sous l'empire de cette règle.

Si ce n'était point là le véritable motif de l'insertion des mots *sur le compte de tutelle*, dans l'art. 2045, à quel propos ces termes s'y trouveraient-ils plutôt que dans l'art. 472? à quel propos le législateur aurait-il embrassé dans celui-ci *tout traité*, sans distinction, et se serait-il restreint, dans celui-là, à la transaction sur le compte de tutelle? Il est impossible d'imaginer une autre raison satisfaisante de cette différence d'expressions.

3. Il résulte de tout ce que nous avons dit sur l'art. 472, et de sa combinaison avec l'art. 2045, que le mineur devenu majeur peut transiger avec son tuteur, sur tout autre objet que sur le compte de tutelle, par exception à la règle générale prohibitive portée par l'art. 472, qui interdit *tout traité* entre eux, y compris la transaction *sur le compte de tutelle*, avant que les conditions qu'il exige pour pouvoir faire des traités ensemble ne soient remplies. En d'autres termes, la transaction est le seul traité qu'il leur soit permis de faire entre eux, pourvu qu'il soit sur tout autre objet que sur le compte de tutelle, et sur tout ce qui doit entrer dans ce compte, à moins que les conditions exigées par l'art. 472, pour transiger sur celui-ci, comme pour faire tout autre traité, ne soient remplies.

ART. V. *Si l'on peut transiger par procureur fondé ou mandataire.*

1. La faculté accordée par la loi au tuteur, aux communes et établissemens publics, de transiger;

l'un, pour le mineur; les autres, pour les corps qu'ils représentent, suivant les conditions prescrites par la loi, est une conséquence du principe qui veut qu'on puisse contracter par le ministère d'autrui, en vertu du pouvoir dont la loi et les particuliers revêtent ceux à qui ils donnent mandat pour cela : *qui per alium facit, per seipsum facere videtur*. Il ne s'agit donc que de voir si ce pouvoir est suffisant.

Ainsi, après avoir vu celui des tuteurs et celui des communes et établissemens publics, voyons celui de quelques autres mandataires.

2. En règle générale, celui qui peut agir pour lui-même peut agir pour les autres, en vertu du pouvoir qui lui en est donné par celui au nom duquel il agit, pourvu que celui-ci ait aussi la faculté d'agir pour lui-même, en son nom ou au nom d'un autre; car autrement : *qui ipse deficit non potest alienum supplere defectum*. Ainsi, qui que ce soit qui a la capacité de contracter, peut se faire représenter dans tous les actes par un autre qui aura aussi la même capacité (v. au surplus les art. 1123, 1124, 1125 et 1990 du Code civil, et l'art. 1er du présent chapitre).

De là, un procureur ou mandataire peut transiger au nom de son commettant, si la procuration lui en donne le pouvoir *exprès;* dans le cas contraire il ne le peut pas, tant d'après les lois romaines que d'après le nouveau droit (v. l. 67, co. *de transact.;* l. 30, D. *de procuratorib.;* l. 18,

D. *de jurejurando*); et l'art. 1989 du Code civil porte : « Le mandataire ne peut rien faire au-delà de ce qui est porté dans son mandat... »

De ces principes, posés par les lois romaines, que nous venons de citer, ressort la loi 15ᵉ, D. *de transactionibus*, aux termes de laquelle aucun des procureurs du souverain ne peut transiger sans son aveu.

C'est aussi à la suite de ces mêmes principes qu'a été rendu l'arrêt du parlement d'Aix, du 11 décembre 1671, rapporté par Boniface, tom. II, liv. 4, tit. 6, ch. 1, qui déclare nulle une transaction sans mission particulière, par les syndics qu'un corps d'apothicaires avait constitués pour défendre à un procès contre les médecins (v. ci-après, ch. 4, art. 2).

ART. VI. QUID *des transactions faites par un père sur les droits de ses enfans.*

Nous avons dit, art. 2, que nous examinerions la question de savoir ce qu'on doit décider à l'égard des transactions faites par un père sur les droits de ses enfans. C'est ici le lieu de s'en occuper, et c'est ce que nous allons faire.

Quant à ce qui regarde le droit nouveau, la question n'en est pas une, parce que la loi nouvelle est générale pour tous et partout en France. Et, comme dit M. Merlin en son Répertoire,

v. *transaction*, § 1, n° 7 *in fine* : « Aujourd'hui, dans toute la France, le père ne peut plus transiger au nom de son fils, qu'avec toutes les formalités qui sont indispensables à un tuteur pour pouvoir transiger au nom de son mineur »; et j'ajoute : ou qu'en vertu du mandat spécial qui lui en aurait été donné par son fils majeur, suivant la règle générale et les formalités ordinaires.

M. Merlin a dit, dans le passage cité : « . . . *le père ne peut plus*, etc. » Cette expression, *ne peut plus*, donne à entendre qu'autrefois, avant les nouvelles lois, le père pouvait transiger au nom de son fils ou de ses enfans, sans autre formalité que sa propre volonté. Je vais me borner à transcrire ici ce qui est dit sur ce point dans son Répertoire *tac. loc. cit. in principio*, pour être fixé à cet égard.

« La loi 10 *de transact.*, au Digeste, déclare que ces transactions ne préjudicient pas aux enfans lorsqu'ils n'y consentent pas et qu'ils sont émancipés. Cela semblerait faire entendre que s'ils étaient encore dans les liens de la puissance paternelle, ils seraient obligés de respecter les transactions que leur père aurait faites, même à leur insu. Mais il faut faire attention que cette décision est tirée du Digeste, suivant la jurisprudence duquel tous les biens des fils de famille, hors le pécule castrense, appartenait en pleine propriété à son père ; et il est certain que depuis qu'on a laissé au premier tout ce qui composait son pécule adventice, le second a perdu le pouvoir d'en aliéner les biens par transaction. La loi d^{re}, § 3 et 4, C. *de bonis quæ liberis*, contient là-dessus des dispositions qui ne sont pas équivoques : elle porte, entre autres choses, que le père ne peut plaider pour les biens adventices de son fils sans son intervention ou son consentement, à moins qu'il ne soit mineur ou absent. La faculté de transiger est infiniment plus restreinte que celle de plaider : on ne peut donc pas supposer celle-là à qui ne jouit pas de celle-ci.

Prenons garde, cependant, de porter trop loin la décision du texte cité. Il n'a pour objet que les successions qui arrivent au fils pendant qu'il est sous la puissance paternelle, et on ne peut pas l'étendre aux biens qu'il acquiert à d'autres titres, parce que la loi première, C. *de bonis maternis*, permet au père d'aliéner sans formalités les héritages de ses enfans non émancipés, lorsque la nécessité ou l'avantage de leurs affaires l'exige; il est clair qu'il peut, à plus forte raison, transiger en leur nom et pour leur utilité, au moins en pays de droit écrit. C'est ce qu'enseigne Arius Pinellus sur la loi dernière, C. *de bonis quæ liberis*, § *ubi autem;* et Scipio Gentilis, *de bonis maternis*, ch. 19. C'est aussi ce qui résulte de deux arrêts souverains de Frise, des 1er avril 1628 et 11 mai 1630, rapportés dans le recueil d'A. Saude, liv. 2, tit. 7, § 4. Il s'agissait de savoir si un père avait pu renoncer par transaction à une partie d'un legs fait à sa fille. Un premier arrêt avait déclaré la transaction nulle; mais sur la révision qui en fut intentée, l'arrêt du 1er avril 1628 admit à prouver qu'il y avait eu de justes raisons pour transiger; et la preuve ayant été faite, l'arrêt du 11 mai 1630 déclara la transaction valable, nonobstant le défaut de formalités.

Dans les pays coutumiers, un père n'a pas plus de pouvoirs pour transiger au nom de son fils que n'en a un simple tuteur pour transiger au nom du pupille; encore ne peut-il le faire, dans la plupart des coutumes, sans, au préalable, avoir obtenu un jugement qui, d'après un avis de parens, lui décerne la tutelle de son fils.

ART. VII. *Si un mari peut transiger pour sa femme et en son nom.*

1. Un mari, dans le petit nombre de coutumes qui lui permettaient d'aliéner les biens de sa femme sans son consentement, pouvait indistinctement transiger pour elle et en son nom. Mais suivant l'esprit général du droit coutumier, le mari est, à cet égard, de la même condition qu'un tuteur. Comme lui, il peut transiger librement sur des actions purement mobiliaires; comme lui, il peut faire tels accords qu'il trouve convenables, soit pour maintenir son épouse dans la propriété de ses biens, soit pour la faire renoncer à la revendi-

cation de biens qu'elle ne possédait pas ; mais aussi, lorsqu'il est question d'abandonner un héritage qu'elle possède actuellement, l'autorité du mari expire, et il faut que la femme elle-même paraisse à la transaction (V. Rodemburg, *de jure conjugum*, tit. 2, ch. 3, n° 16 ; Voët, *ad pandectas*, liv. 2, tit. 15, n° 5 ; et Charondas, liv. 5, Rép. 14).

Il paraît cependant (observe M. Merlin, Rép., v. *transact.*, § 1, n° 8) qu'on devait, même sous l'ancien droit, regarder comme nulle toute transaction par laquelle un mari renonçait pour sa femme à la revendication d'un bien qu'elle ne possédait pas. Cela ne pouvait du moins souffrir aucune difficulté dans les coutumes où le mari ne pouvait pas exercer les actions réelles de sa femme sans son intervention. Comment, en effet, aurait-il pu renoncer, sans le secours de sa femme, à une action pour l'exercice de laquelle le concours de sa femme lui était nécessaire.

2. Aujourd'hui, comme le dit encore M. Merlin, *loco citato*, la question est nettement décidée par le principe écrit de l'art. 2045 du Code civil, que : *pour transiger il faut avoir la capacité de disposer des objets compris dans la transaction* (v. ci-devant, *hoc cap.* 6, art. 1).

D'où suit que le mari ne peut transiger au nom de sa femme sur les droits qui la concernent, qu'autant que celle-ci lui en donne le pouvoir exprès, ou avec son assistance, suivant la règle générale.

Art. VIII. *Si un grevé de substitution peut faire, sur les biens compris dans le fidéicommis, une transaction capable de lier le fidéicommissaire ou le substitué.*

1. Quoique l'art. 896 du Code civil déclare que les substitutions sont prohibées, comme le même code fait quelques exceptions, soit dans ce même art. 896, § 3, soit par l'art. 897, qui confirme les dispositions du ch. 6 du même titre, dans lequel ces deux articles sont renfermés; mais surtout, vu l'existence de la loi du 17 mai 1826, sur les substitutions, il n'est pas hors de propos d'examiner une question essentielle qui se présente touchant les transactions relatives aux substitutions.

Il s'agit de savoir si un grevé de substitution peut faire, sur la propriété des biens compris dans le fidéicommis, une transaction capable de lier le fidéicommissaire ou le substitué.

Il paraît que sous l'ancien droit les lois romaines lui en laissaient le pouvoir (v. Voët, *loc. cit.*, n° 8).

L'ordonnance de 1747 ne le lui a pas ôté; mais elle l'a subordonné à une condition qui n'était pas requise par l'ancien droit : elle a voulu que toutes les transactions concernant les biens substitués fussent homologuées dans les parlemens ou conseils supérieurs, sur les conclusions du ministère public; et elle a déclaré que faute de cette formalité elles n'obligeraient que le grevé qui les aurait signées (art. 53, tit. 2). L'art. 54 ajoute que les arrêts qui auront homologué lesdits actes (mentionnés dans l'article précédent, notamment la *transaction*) seront exécutés contre les substitués, lesquels ne pourront se pourvoir contre lesdits arrêts que par la voie de la requête civile.

Cette disposition est plus sage que les lois romaines sur cette matière. Car d'après ces lois, la substitution pouvait devenir à peu près illusoire, en aliénant les biens substitués jusqu'à un certain point, par forme de transaction.

Mais notre Code civil est encore plus sage; il ne renouvelle pas ces dispositions de l'ordonnance; mais il se borne à dire, art. 2045, que *pour transiger il faut avoir la capacité de disposer des objets compris dans la transaction.* Il faut donc toujours s'en rapporter à cet art. 2045, et aux conséquences qui s'en déduisent; c'est-à-dire qu'il ne s'agit que de savoir si les droits sur lesquels vous voulez transiger en votre nom vous appartiennent en propre; ou, si c'est au nom d'un autre, si vous avez le pouvoir suffisant pour cela, soit de la loi, soit de la personne elle-même.

2. Quant aux biens dépendans des majorats, voici ce que porte l'art. 6 du décret du 22 décembre 1812, relatif aux *majorats formés des propriétés particulières:* « Aucun accord ou *transaction*, d'où il résulterait abandon, diminution ou mutation de fonds ou biens de l'espèce mentionnée au

présent chapitre, ne pourra avoir lieu qu'avec l'approbation de notre *conseil du sceau des titres*, près duquel on se pourvoira en la forme des art. 57 et 61, du décret du 1er mars 1808 ». L'art. 13 du même décret, relatif aux *majorats et dotations provenant du domaine extraordinaire du chef de l'état*, porte : « Aucun accord ou *transaction* d'où résulterait abandon, diminution ou mutation des biens de l'espèce mentionnée au présent chapitre, ne pourra avoir lieu qu'après avoir pris l'avis du *conseil de notre domaine extraordinaire*, et avec notre approbation »,

En résumé, les grevés de substitution n'ayant pas la propriété absolue des biens substitués, ils ne peuvent les aliéner, et par conséquent, suivant le droit nouveau, ils ne peuvent transiger sur cette propriété, si ce n'est relativement aux majorats, et conformément aux formalités particulières prescrites par les lois; mais ils le peuvent, en tout cas, à leur bon plaisir, pour ce qui regarde *la jouissance*, qui leur appartient, ou sur tout autre objet qui ne tend point à léser la propriété.

Art. IX. *La transaction ne nuit ni ne profite à ceux qui n'y sont pas parties.*

Celui qui a ou peut avoir un différend avec plusieurs personnes peut transiger avec une d'elles sans la participation de ses consors. Non seulement il le peut, mais la transaction qu'il fera avec elle n'empêchera pas que son droit ne subsiste à l'égard des autres, et qu'il ne puisse, ou le faire juger, ou en transiger d'une autre manière; et réciproquement, la transaction qu'il a faite avec l'un des intéressés ne fait pas de préjudice aux autres.

Ainsi, celui à qui deux tuteurs sont comptables d'une même administration, peut transiger avec l'un pour son fait, et plaider avec l'autre. Ainsi, les créanciers d'un défunt ou légataire peuvent transiger de leurs droits avec l'un des héritiers pour sa portion, et poursuivre l'autre pour la sienne.

Neque pactio neque transactio cum quibusdam ex curatoribus sive tutoribus facta, auxilio cæteris est, in his quæ separatim communiterve gesserunt vel gerere debuerunt. Cùm igitur tres curatores habueris et cum duobus ex his transegeris, tertium convenire non prohiberis (l. 1, C. *de transact.*; l. 15, ff. *de tutelâ et rationibus distrahendis*).

Le Code civil, art. 2051, porte : « La transaction faite par l'un des intéressés ne lie point les autres, et ne peut être opposée par eux. » (V. ch. 5, art. 3, ci-après).

Art. X. *Cas où les préposés au recouvrement des impôts indirects peuvent transiger, et lois qui les régissent.*

1. Quant aux préposés au recouvrement des impôts indirects, voici les cas où ils peuvent transiger, et les lois qui les régissent à cet égard.

Sous l'ancien droit, l'art. 6 du titre des *confiscations et amendes*, de l'ordonnance des gabelles du mois de mai 1680, défend à l'adjudicataire des fermes de transiger des amendes avant qu'elles soient ordonnées en justice; mais cette disposition n'était point observée.

L'art. 289 du bail de Fauconnet pour les cinq grosses fermes, du 26 juillet 1681, lui permet de disposer des confiscations et amendes, sans attendre les jugemens qui interviendront sur les saisies.

L'art. 225 du bail de Domergue, du 18 mars 1687, contient une pareille clause.

L'arrêt du conseil, du 19 janvier 1694, sur la requête de Pierre Pointeau, fermier-général des cinq grosses fermes, ordonne l'exécution des transactions par lui faites avec des contrevenans, au sujet des amendes encourues; et ajoutant à l'art. 428 du bail de Domergue, permet au même Pointeau de transiger et composer des amendes et confiscations, au sujet des contraventions faites aux droits des cinq grosses fermes et autres unies, sans attendre les jugemens ni demander le consentement des procureurs généraux ou procureurs du roi des juridictions où les saisies seront pendantes. Le même arrêt défend aux juges des traités d'inquiéter le fermier, ses commis et préposés, pour raison de l'exécution des accomodemens qu'il fera sur les amendes et confiscations, à peine de tous dépens, dommages et intérêts, tant du fermier que des parties.

Ces dispositions ont été réitérées par l'art. 577 du bail de Forceville, du 16 septembre 1738.

Un arrêt de la cour des aides de Paris, du 17 juin 1740, a infirmé une sentence de l'élection de Compiègne, par laquelle il avait été défendu aux commis des aides de faire aucun accomodement avec les particuliers trouvés en contravention; et la cour a déclaré valable l'accomodement que les élus avaient annulé sous prétexte qu'il était écrit par les commis, et même que les accomodemens ne pouvaient être faits que par les directeurs et par actes doubles.

Le fermier, en transigeant des amendes, ne peut traiter que sur ce qui est connu et établi par un procès-verbal, sans quoi il en résulterait des inconvéniens préjudiciables à la ferme et au public.

En résumant donc, sous l'ancien droit, les préposés au recouvrement des impôts indirects (les différens fermiers du roi) pouvaient transiger des confiscations et amendes encourues par les contrevenans, de leur chef, à leur gré et volonté, *avant jugement*.

2. Aujourd'hui, *en matière d'enregistrement*, « Aucune autorité publique, ni la régie, ni ses préposés, ne peuvent accorder de remise ou modération des droits et des peines encourues, ni en suspendre ou faire suspendre le recouvrement,

sans en devenir personnellement responsables. » (Art. 59 de la loi du 29 frimaire an VII.)

3. En *matière de douanes*, l'art. 21 du tit. 6 de de la loi du 4 germinal an II, défend et annulle *toutes transactions, compositions, déparls et remises avant ou après jugement.*

Mais cette disposition est modifiée par la loi du 23 brumaire an III, suivant laquelle, art. 23, « Lorsqu'une saisie pour contravention aux lois des douanes ne sera motivée que sur l'omission d'une formalité, et que les circonstances feront présumer que la contravention est involontaire, la commission des revenus nationaux (aujourd'hui remplacée par le ministre des finances) est autorisée, d'après le compte qui lui en sera rendu par la régie des douanes, à faire sur la confiscation et l'amende telle remise qu'elle jugera convenable. »

Et cette loi est elle-même modifiée par l'art. 17 du tit. 4 de la loi du 19 floréal an VII, qui porte : « Il est expressément défendu de faire aucune remise sur les confiscations et amendes pour contravention à la loi du 10 brumaire an V (qui prohibe l'importation et la vente des marchandises anglaises), ni pour celles encourues pour introduction de marchandises prohibées, ou en fraude des droits; et dans les autres cas, la loi du 23 brumaire an III ne pourra être exécutée lorsqu'il sera intervenu un jugement définitif. »

Enfin, le décret impérial du 18 octobre 1810 a

encore établi là-dessus de nouvelles règles. Il porte, art. 22 : « Il ne pourra être fait aucune transaction pour arrêter ou suspendre les poursuites contre les entrepreneurs de fraude, les assureurs, les intéressés et complices desdites entreprises, en marchandises prohibées ou tarifées. Il en sera de même à l'égard des auteurs, fauteurs et complices de contrebande à main armée, et des chefs de bande, directeurs et conducteurs des réunions de fraudeurs. — Art 23. Dans les autres affaires de fraude, les transactions ne pourront avoir lieu lorsque le montant en amendes et confiscations pourra excéder la somme de 3000 fr., que par notre autorisation, donnée sur le rapport d'une commission spéciale que nous nommerons à cet effet. — Art. 24. Les transactions, dans les affaires de 300 fr. et au-dessous, seront faites en conformité des dispositions de l'art. 2 de notre décret du 10 fructidor an x. »

4. *En matière de droits réunis*, les transactions peuvent avoir lieu suivant l'art. 23 du décret impérial du 5 germinal an XII, 1° avec approbation du directeur de département, lorsque, sur les procès-verbaux de contravention et saisie, les condamnations de confiscations et amendes à obtenir ne s'élèveront pas à plus de 500 francs; 2° avec l'approbation du directeur général, lorsque lesdites condamnations s'élèveront de 500 à 3000 francs; 3° avec l'approbation du ministre des finances, dans les autres cas.

ART. XI. *Si dans les cas où les transactions faites par les préposés subalternes ne peuvent être exécutées qu'avec l'approbation de leurs supérieurs, ces transactions sont obligatoires pour les prévenus de contravention qui les ont signées, après que les supérieurs des préposés avec qui elles ont été faites les ont signées.*

On vient de voir quels sont les cas où les préposés au recouvrement des impôts indirects peuvent transiger avec les contrevenants.

Maintenant on demande si dans ceux de ces cas où les transactions faites par les préposés subalternes ne peuvent être exécutées qu'avec l'approbation de leurs supérieurs, ces transactions sont obligatoires pour les prévenus de contravention qui les ont signées, après que les supérieurs des préposés avec qui elles ont été faites les ont signées?

A cette question on peut répondre avec M. Merlin : « Pourquoi non? » et pour justifier cette réponse j'ajoute que l'art. 23, que je viens de transcrire, porte *in principio* : « Les transactions sur procès *seront définitives*, 1°, etc. » Par ces mots, seront définitives, il est bien évident que les transactions peuvent être faites par les préposés subalternes au nom de la régie, et par conséquent obligatoires pour les prévenus de contravention qui les ont signées, pourvu qu'elles soient ensuite approuvées par les supérieurs compétens, suivant la distinction faite par l'art. 23, pour les rendre *définitives*.

D'après cela il est difficile de comprendre comment le tribunal civil de Cognac a pu rendre, sous le motif que le contrôleur principal n'avait pas le droit d'engager la régie par transaction, nonobstant l'approbation postérieurement donnée par le directeur de la régie (les condamnations à obtenir ne devant pas s'élever à plus de 590 francs), le jugement du 10 août 1809 que rapporte M. Merlin (v. *transaction*, § 2, n° 11).

Aussi la cour de cassation a cassé, avec grand fondement, ce jugement, par son arrêt en date du 21 juin 1811, rapporté aussi par M. Merlin, *loc. cit.*, comme ayant violé l'art. 2052 du Code civil, qui donne aux transactions passées entre les parties l'autorité de la chose jugée en dernier ressort, et qui ne permet pas de les attaquer pour cause d'erreur de droit, ou pour cause de lésion.

J'observe que le motif de cassation aurait été mieux fondé, suivant moi, sur la contravention à l'art. 23 du décret impérial du 18 octobre 1810, et par suite, la violation de l'art. 2052, sous le rapport de l'autorité de la chose jugée. (v. *Sur l'erreur de droit*, le ch. 6, sect. 2, § 1, et § 2, art. 3).

ART. XII. *Si la transaction approuvée par un agent supérieur à celui à qui la loi délègue directement ou spécialement cette approbation, sans que celui-ci y ait aucune part, est valable?*

La transaction approuvée par un agent supérieur à celui à qui la loi délègue directement ou spécialement cette approbation, sans que celui-ci y ait aucune part, est-elle valable? Par exemple, une transaction dont l'amende et la confiscation ne s'élèveraient pas au-dessus de 500 francs, qui, par conséquent, est soumise à l'approbation du directeur de département, mais qui serait cependant approuvée par le directeur général sans le concours du directeur de département, ainsi du reste. Oui, sans difficulté, par la maxime qui peut le plus peut le moins : *non debet ei qui plus licet quod minus est non licere* (L. *non debet*, 21); et parce que, d'ailleurs, celui qui est plus élevé a l'inspection et l'autorité sur tous les autres, le droit d'approuver et désapprouver tous leurs actes, lorsqu'ils ne leur sont pas expressément et exclusivement attribués par la loi, mais surtout, de faire tout ce que ces inférieurs peuvent faire eux-mêmes, sauf cette modification.

Art. XIII. *S'il est nécessaire, pour la validité d'une transaction, que les parties qui transigent soient en parfaite santé; et s'il ne suffit pas qu'elles soient dans tout leur bon sens.*

Il n'est pas nécessaire, pour la validité d'une transaction, que les parties qui transigent soient en parfaite santé; il suffit qu'elles soient dans tout leur bon sens.

Sanum mente licet ægrum corpore, rectè transigere manifestum est, nec postulare debueras improbo desiderio placita rescindi valetudinis corporis adversœ velamento (L. *Sanum* 27, Cod. *de transactionibus*).

Si quelquefois, observe Domat, on a déclaré nulles les transactions faites par des malades, c'est parce que ces transactions, faites à l'article de la mort, étaient plutôt des donations que des transactions, ce qui, par conséquent, ne donne pas atteinte au principe qu'un malade *peut transiger lorsqu'il est sain d'esprit* (v. art. 488, 503, 504 et 901 du Code civil, et ch. 2, art. 1er).

CHAPITRE III.

DE QUELLES CHOSES ON PEUT TRANSIGER.

Ainsi que nous l'avons dit en premier lieu, pour qu'un droit quelconque puisse faire la matière d'une transaction, il faut que ce droit soit douteux et incertain, c'est-à-dire qu'il soit ou contesté en justice, ou de nature à l'être. Sans cette condition, l'acte qualifié transaction ne formera qu'un engagement ordinaire (L. 2, C. *de transact.;* L. 1, ff. *cod. tit.*, C. civil, art. 2044).

ART. I. *On ne peut transiger sur une chose qui est certaine.*

1. De là il suit qu'*on ne peut transiger sur une*

chose qui est certaine; et c'est par ce principe que se résout la question de savoir :

2. Si l'on doit considérer comme valable une transaction faite après le procès jugé à l'insu des deux parties.

Les lois romaines font une distinction entre le cas où le jugement est susceptible d'appel, et celui où il est rendu en dernier ressort. Dans le premier elles décident que la transaction doit subsister, parce que l'évènement du procès est encore incertain; mais dans le second, elles déclarent qu'il n'y a point de transaction, parce qu'il n'y a plus de procès, et qu'on ne transigeait que parce qu'on présupposait que le procès était indécis, et qu'aucune partie n'avait son droit acquis. Ainsi cette erreur, jointe à l'autorité de la chose jugée, fait préférer ce que la justice a réglé à un consentement que celui qui s'est relâché de son droit n'a donné que parce qu'il croyait être dans un péril où il n'était point.

Post rem judicatam, etiamsi provocatio non est interposita, tamen si negatur judicatum esse, vel ignorari potest an judicatum sit, quia adhuc lis subesse possit, transactio fieri potest (L. 11, D. *de transact.*)

Post rem judicatam transactio valet si vel appellatio intercesserit, vel appellari potuerit (L. 7, D. *cod. tit.*).

Si causâ cognitâ, probatâ sententiâ, sicut jure traditum est, appellationis vel integrum restitutionis, solemnitate suspensâ non est, super judicato frustrâ transigi, non est opinionis incertæ (L. 32, C. de *de transact.*).

Si post rem judicatam quis transigit et solverit, repetere poterit, idcirco quia placuit transactionem nullius esse momento. Hoc enim imperator Antoninus cum divo patre rescripsit. Quid ergo si appellatum, vel hoc ipsum incertum sit an judicatum sit, vel an sententia valeat? Magis est ut transactio vires habeat; tunc enim rescriptis locum esse credendum est, cum de sententiâ indubitatâ quœ nullo remedio attentari potest, transigitur (L. 23, § 1, D. *de condict. indebiti*).

La jurisprudence des arrêts est conforme à ces décisions. Voyez un arrêt du parlement de Flandre, du 1er décembre 1706, cité par Deghewiet (*Institutions au droit belgique*, part. 2, tit. 6, § 6, n° 7), entre les nommés Mulle et Braen, au rapport de M. de Cambronne. Deghewiet avait écrit pour l'une des parties. Soefve retrace un arrêt semblable rendu au parlement de Paris, le 20 juillet 1647. Brillon en rapporte un autre, au mot *transaction*, n° 7, de la même cour de Paris.

3. Si la transaction faite après le procès souverainement jugé à l'insu *des deux parties* est nulle, à plus forte raison le sera-t-elle s'il est prouvé qu'au moment où les parties l'ont souscrite pour mettre fin à leurs contestations supposées encore indécises, l'*une d'elles* avait connaissance du jugement

qui les avait irrévocablement terminées : alors, en effet, il y aurait eu non seulement défaut de matière à transaction, mais encore dol.

C'est à ce cas que se rapporte la loi 9, C. *de pactis*, qui dit : « Si celui avec qui Titia était en procès sur la propriété de certains esclaves, après avoir découvert qu'il venait d'être condamné par arrêt, a trompé Titia, et l'a déterminée, par ses artifices, à abandonner ses prétentions, ce pacte, arraché par la mauvaise foi à la simplicité, est nul ; et si l'on ose s'en faire un titre pour poursuivre Titia, le juge aura soin d'en décharger celle-ci. »

Mornac, sur la loi 40, § 1, ff. *de pactis*, rapporte un arrêt du 27 novembre 1524, qui admet la restitution en cas semblable.

Leprêtre, cent. 2, ch. 8, rapporte deux arrêts qui sont calqués sur cette décision.

Le premier a déclaré nulle une transaction surprise par un magistrat qui, ayant perdu son procès à Paris, était parti en poste pour aller transiger à Lyon, et y était arrivé avant que la partie adverse, qui y demeurait, pût être informée de l'arrêt.

Dans l'espèce du second, rendu le 7 septembre 1608 : « Le jugement donné au matin, celui qui avait perdu, en ayant ouï le bruit, alla sur le midi trouver sa partie adverse, la mena à la taverne, et après avoir dîné, la fit transiger. » L'arrêt annulla pareillement la transaction, et remit les parties au même état où elles étaient avant de la signer.

Brillon, *loc. cit.*, fait mention d'un arrêt du 6 mars 1705, « qui entérine les lettres de rescision contre une transaction faite entre deux parties, dont l'une avait fait accroire à l'autre qu'elle avait perdu son procès, quoiqu'elle l'eût gagné. »

La Peyrère, lettre T, nº 138, édition de 1725, cite deux arrêts semblables, rendus au parlement de Bordeaux, les 16 mars 1644 et 11 janvier 1646.

Basset, liv. 4, tit. 14, ch. 1, en fournit encore un du parlement de Grenoble, du 5 juin 1661, qui juge de même.

C'est aussi ce qu'a décidé un arrêt du grand conseil, du 26 août 1702, rapporté par Brillon, au mot *arrêt*, nº 19.

Il en a été rendu un pareil au parlement de Toulouse, le 29 juillet 1779, sur les écrits du fils du grand Furgole, au rapport de M. Daignan, en faveur de Gérard Malvi, habitant de Saint-Paul-en-Quercy, contre le sieur Joseph Verdier. Cet arrêt, avant dire droit sur les lettres en rescision envers la transaction du 19 juin 1777, ordonne que Malvi prouverait que le sieur Verdier était à Toulouse lors de l'arrêt rendu le 16 du même mois, et qu'il se purgerait par serment qu'il n'avait lui-même aucune connaissance du même arrêt.

En prononçant ainsi, la cour préjuge d'une manière incontestable qu'il y aurait lieu à restitution en faveur de Malvi, envers la transaction du 19 juin 1777, s'il prouvait que Verdier était à Toulouse le 16 du même mois, jour où fut prononcé l'arrêt, et s'il se purgeait par serment qu'il n'avait lui-même aucune connaissance de ce même arrêt. On ne pourrait pas en tirer une conséquence différente sans blesser la maxime : *frustrà admittitur probandum quod probatum non relevat.*

4. Le droit nouveau est conforme en tout à l'ancien droit et aux maximes de l'ancienne jurisprudence. L'art. 2056 du Code civil les renouvelle en ces termes : « La transaction sur un procès terminé par un jugement passé en force de chose jugée, dont les parties, *ou l'une d'elles*, n'avaient point connaissance, est nulle.

» Si le jugement ignoré des parties était susceptible d'appel, la transaction sera valable. »

La première disposition de cet article est la conséquence de la maxime : *ignorantia facti non nocet ;* et de cette autte : *fraus sua nemini patrocinari debet*, aussi bien que de la disposition du Code civil, art. 1109, portant que : « Il n'y a point de consentement valable, si le consentement n'a été donné que *par erreur*, ou s'il a été extorqué par par violence ou *par dol;* » de la disposition de l'art. 1131, portant que : « L'obligation sans cause, ou *sur une fausse cause*..., ne peut avoir aucun effet. » (V. ch. 5, art. 4, 5, 6, 7 et 8, ci-après.)

Art. II. Quid *si les deux parties avaient eu, en transigeant, connaissance du jugement en dernier ressort qui avait statué sur leurs différends?*

1. Que devrait-on décider, si les deux parties avaient eu, en transigeant, connaissance du jugement en dernier ressort qui avait statué sur leur différend?

Il faut distinguer si les deux parties sont instruites que l'une et l'autre connaît le jugement, ou si l'une d'elles pense que l'autre l'ignore.

2. Dans le premier cas, il faut décider qu'il n'y a pas, proprement dit, de transaction, puisque le droit des parties n'est pas incertain ni douteux pour aucune d'elles; mais que cet acte d'accord est un engagement purement ordinaire, ou un abandon gratuit de l'une des parties à l'autre, de quelqu'un de ses droits; n'importe qu'on lui ait donné ce nom de *transaction;* le nom ne fait rien à la chose, et ne change pas la nature de l'acte (v. ci-après, ch. 6, art. 16, et *hoc. cap.*, art. 4).

3. Dans le second cas, il faut voir si la partie qui, connaissant le jugement, pensait que l'autre l'ignorait, avait dessein de la tromper, ou non.

Si la partie qui, connaissant le jugement, pensait que l'autre l'ignorait, n'avait pas dessein de tromper, il est manifeste que le jugement devait être en sa faveur, et qu'alors il voulait faire une gratification à la partie contre, par l'acte qu'ils ont qualifié de transaction, mais qui, dans le fait, n'en est pas une, par le principe ci-dessus posé, mais bien un pur acte de générosité de la part de celui qui connaît le jugement rendu en sa faveur. S'il en était autrement, c'est-à-dire que le jugement en dernier ressort fut contre lui, il ne pourrait qu'avoir l'intention de tromper, en abusant de l'ignorance où il pensait que l'autre était du jugement; et comme il est certain que, dans ce cas, la transaction serait nulle, il est incontestable et hors de doute qu'elle le serait de même dans celui-ci, si l'autre partie n'avait cherché elle-même à tromper de son côté, en cachant à son adversaire la connaissance qu'elle avait aussi du jugement, pour profiter de sa duperie, ou pour user de représailles. Mais comme ici l'un et l'autre a cherché à frauder sa partie contre, en jouant du fin et en cherchant à abuser de sa confiance pour le porter à transiger, cette transaction doit, à mon avis, être exécutée, comme si l'affaire n'était pas encore définitivement jugée : ce serait tant pis pour celui qui pourrait ensuite avoir à se plaindre de cette transaction; c'est la peine due à son mauvais dessein, puisqu'il cherchait lui-même à frustrer l'autre : *nemo potest contra proprium factum venire;* mais surtout, *nemo turpitudinem suam allegans auditur;* et la règle : *fraus sua nemini patrocinari debet* n'est point applicable dans ce cas-ci, parce qu'elle est repoussée par la précédente, et par cette autre : *qui ex suâ culpâ damnum sentit, non intelligitur damnum sentire* (l. 205, ff. *de reg, jur.*); *volenti non fit injuriâ*, et de plus, *par pari refertur*.

Mais il faut remarquer qu'un pareil cas ne peut guère se présenter, s'il n'y a lieu, pour l'une et pour l'autre partie, à se plaindre du jugement, à moins de supposer que celui qui l'a obtenu tout-à-fait en sa faveur ne soit un stupide, ou, comme nous venons de le voir pour l'autre cas, qu'il veuille lui-même faire un acte de générosité; mais alors, comme nous l'avons dit, il ne pourrait pas y avoir de dol de sa part : tout le dol se trouverait de l'autre côté, qui, par cela seul, rendrait indigne celui qui a voulu tromper de la gratification que l'autre a voulu lui faire, et, par conséquent, la gratification révocatoire. Mais dans le cas où il y a à se plaindre de part et d'autre (ce qui arrive assez souvent), alors la transaction ne peut tomber que *sur l'exécution*.

Art. III. *Si une transaction faite sur l'objet d'un jugement en dernier ressort rendu entre les parties, mais sujet au pourvoi en cassation, est valable.*

1. La transaction serait-elle nulle par cela seul qu'il avait été précédemment rendu entre les parties un jugement en dernier ressort, quoique d'ailleurs ce jugement fût sujet en cassation?

D'après la définition de la transaction, et toutes les lois sur lesquelles cette définition est fondée, que nous avons fait connaître, nous n'hésitons pas à répondre : *non*.

Car puisque la transaction est un moyen, et le moyen le plus salutaire, comme le plus digne de recommandation, de mettre fin aux contestations mues ou à mouvoir en justice, *litigis jam motis et pendentibus, seu postea movendis*, il est évident que tant qu'il existe un sujet quelconque de craindre des contestations judiciaires, devant quelque tribunal que ce puisse être, on est en droit de les terminer de gré à gré par des accords particuliers, en un mot, de transiger sur ces difficultés.

Or, ici, on ne peut pas disconvenir qu'un procès devant la cour suprême, la cour de cassation, ne soit un procès comme les autres, et même un procès assez ordinairement plus dispendieux, et surtout dont les conséquences peuvent être les plus à craindre, par les cassations qu'elle peut prononcer, et les nouveaux jugés que, dans ce cas, elle doit ordonner; enfin, par tout ce qui dès-lors peut s'ensuivre, bien capable d'amener la ruine de ceux même des plaideurs de ce genre qui ont une assez honnête fortune. Comment donc, dans cet état de choses, pourrait-on contester que les parties puissent avoir le droit de transiger valablement sur l'objet qui a fait le sujet du jugement en dernier ressort, malgré ce jugement?

Aucune loi d'ailleurs ne dit qu'on ne peut transiger que sur une contestation qui n'a pas été jugée en dernier ressort; ou mieux, qu'on ne peut pas transiger sur une contestation ou un différend qui a été jugé en dernier ressort, ou dont il y a un jugement qui a l'autorité de la chose jugée : aucune loi ne l'a dit, parce qu'elle ne pouvait pas le dire sans contrevenir aux principes de la transaction. Au contraire, les lois relatives à la transaction, tant anciennes que nouvelles, l'art. 2044 du Code civil principalement, qui n'est basé que sur les lois romaines, comme on peut le voir par tout ce qui a été déjà rapporté, dit simplement que la transaction est un contrat par lequel les parties terminent une contestation née, ou préviennent une contestation à naître ; *litigis jam motis, seu postea movendis*. Il ne s'agit pas là, comme l'on voit, de jugement en premier ou dernier ressort, d'autorité de chose jugée, etc.; il s'agit de *contestations nées ou à naître*. Or les différends pendans devant la cour de cassation sont des différends, des contestations, des procès comme les autres, et même comme je l'ai déjà dit, des procès bien plus redoutables ; donc il est incontestable que la transaction faite *en vue* d'éviter cet inconvénient est parfaitement valable et conforme aux vrais principes.

Je dis qu'aucune loi ne dit qu'on ne peut transiger que sur une contestation qui n'a pas été jugée en dernier ressort. Je ne pense pas qu'on voulût prendre texte de l'art. 2056 pour prouver le contraire. Parce que l'art. 2056 dit seulement qu'une transaction sur un procès terminé par un jugement passé en force de chose jugée est nulle, si, lorsque cette transaction a été signée, *les par-*

ties, ou l'une d'elles, n'avaient point connaissance du jugement. Ce n'est donc que lorsque les parties ou l'une d'elles ignoraient le jugement en dernier ressort, que la transaction faite entre elles sur ce qui a fait l'objet du jugement est nulle; mais non pas quand il est connu par toutes les parties, différence qu'il faut bien distinguer. Car dans cette dernière hypothèse, les parties savent bien ce qu'elles font et ce qu'elles veulent faire; il y a dans l'acte un consentement bien réel de fait et de droit, ce qui n'est pas, à beaucoup près, dans l'autre, puisqu'elles ont fait par ignorance ce que vraisemblablement elles n'auraient pas fait si elles eussent connu le jugement.

2. J'ai dit aussi qu'il fallait que la transaction faite sur un procès terminé par un jugement en dernier ressort, ou passé en force de chose souverainement jugée, connu de toutes les parties, mais susceptible du pourvoi en cassation, était valable, pourvu que ce soit *en vue* d'éviter ce pourvoi, et l'inconvénient très-grave qui peut résulter de ce pourvoi. Car autrement, suivant toutes les règles que nous avons déjà tracées et plusieurs fois répétées, ce ne sera plus une transaction, mais un acte ordinaire d'engagement, ou de dégagement d'obligation de l'une des parties à l'égard de l'autre, puisque les droits ne seraient plus incertains d'après le jugement en dernier ressort, dont le pourvoi ne suspend point l'exécution, et que d'ailleurs, n'ayant pas été du tout question

de ce pourvoi dans la transaction, elle est nécessairement sans valeur à cet égard, suivant la règle établie ci-après, ch. 5, art. 2; ou bien ce pourra être une transaction faite *sur l'exécution du jugement*, parce que encore il y a intérêt à éviter les difficultés qui pourraient s'élever à raison de cette même exécution.

Voici au surplus ce que prononce un arrêt de la cour de cassation, du 16 germinal an XIII, qui se trouve dans le bulletin civil de cette cour, sur les deux questions que nous venons de proposer séparément, mais qui se trouvent réunies dans la cause.

« Par jugement du 16 germinal an IX, Antoine Lamothe avait fait condamner Claude Bourgeois, son fermier, à lui payer 472 francs pour prix de trois termes échus, et avait ensuite fait saisir ses meubles, et *fait signifier le jugement.*

» Le 11 du même mois, Bourgeois avait formé, au tribunal de commerce, demande à Lamothe d'une somme de 280 francs, pour vente de bœufs, dont celui-ci voulait que l'imputation fût faite sur ce que lui devait Bourgeois : cette demande n'avait pas été suivie.

» Le 23 floréal de la même année, transaction notariée sur les deux instances, par laquelle Bourgeois consent la résiliation du bail, promet payer à Lamothe 50 francs, au moyen de quoi toutes instances demeurèrent assoupies, et les parties quittes de toutes répétitions.

» Malgré cet acte, Lamothe poursuit la vente des effets saisis; Bourgeois s'y oppose, fondé sur la transaction; et Lamothe insiste sur ce que la transaction était nulle, comme intervenue sur un procès jugé en dernier ressort, et comme telle, frauduleuse et sans cause.

» Sur cette contestation, jugement du tribunal civil d'Autun, en date du 2 thermidor, qui déclare la transaction nulle, et ordonne que les exécutions seront continuées.

» Bourgeois demande la cassation de ce jugement pour contravention aux lois qui assurent l'exécution des transactions, et fait voir que Lamothe avait intérêt de transiger, au moins pour obtenir la résiliation du bail; que d'ailleurs le jugement du 6 germinal n'était pas à l'abri de la cassation, et qu'on ne pouvait pas dire que les parties ignorassent le vrai état de la contestation, puisque Bourgeois avait reçu de la part de Lamothe signification du jugement du 6 germinal. La veuve Lamothe soutenait, au contraire, que, d'après la disposition de l'art. 5 du tit. 27 de l'ordonnance de 1667, la faculté du pourvoi en cassation n'ôte pas aux jugemens en dernier ressort l'autorité de la chose jugée; que la transaction ne faisait pas mention du dessein où Bourgeois était de se pourvoir, et qu'ainsi elle était frauduleuse, comme obtenue de Lamothe dans une hypothèse où il n'avait aucun danger à courir. »

L'arrêt de cassation est ainsi conçu :

» Sur quoi, ouï le rapport de M. Brillant-Savarin; vu les lois et l'édit d'avril 1560, qui ordonne l'exécution des transactions; attendu que *le jugement du 6 germinal an IX avait été signifié à Bourgeois de la part de Lamothe*, et que *chacune des parties connaissait au vrai l'état de la contestation;* que dans l'état où elles se trouvaient, elles pouvaient encore transiger sur la résiliation du bail et *l'exécution du jugement;* qu'enfin, les juges d'Autun n'ont ni précisé les circonstances de fraude, ni affirmé positivement que la transaction dont il s'agit en fût la suite; la cour casse et annulle... »

Comme l'on voit, si cet arrêt ne préjuge rien *in terminis* sur la question relative au cas du pourvoi en cassation, dont le jugement en dernier ressort pourrait être l'objet, cependant elle la décide implicitement, d'après les termes de son considérant, en disant que le jugement en dernier ressort, à la suite duquel on avait transigé sur la contestation à laquelle il avait mis fin, avait été signifié à Bourgeois de la part de Lamothe, et que *chacune des parties connaissait au vrai l'état de la contestation;* et ensuite en disant qu'elles pouvaient encore transiger sur l'*exécution du jugement;* ce qui veut bien dire, en propres termes, qu'on peut transiger malgré le jugement en dernier ressort, tant qu'on a intérêt à le faire pour mettre fin à toutes les contestations que l'on peut avoir actuellement, ou pour prévenir celles qui pourraient avoir lieu en conséquence du jugement en dernier ressort; et comme ce jugement en dernier ressort, ou qui a la force de la chose jugée, est, ainsi que nous l'avons dit et qu'il est à la portée de tout le monde de le savoir, sujet à en élever, et des plus graves, tant qu'il n'est pas exempt du pourvoi, il est manifeste et hors de doute que la cour de cassation a jugé la question absolument dans notre sens.

ART. IV. *Si l'on peut transiger, à titre de partage, sur les droits indivis qu'on a dans une succession.*

1. En règle générale, on ne peut transiger, à titre de partage, sur les droits indivis qu'on a dans une succession, si ce n'est dans quelques cas particuliers que nous ferons connaître.

Cette règle constante est fondée sur l'ancien droit et sur le nouveau.

La jurisprudence ancienne, pour trancher toutes les disputes qu'élevaient autrefois d'ignorans praticiens à raison de la forme d'une vente, et le plus souvent d'une transaction qu'on donnait à l'acte de partage, pour prévenir les réclamations qu'on faisait pour cause de lésion, établit pour règle constante que *tout premier acte entre cohéritiers, au sujet de la succession qui leur est dévolue en commun, est réputé partage.*

Mornac, sur le titre du Digeste, *Familiæ erciscundæ*, atteste cette maxime comme certaine : « *Eo jure utimur*, dit-il, *ut quocumque nomine denomi-*

netur contractus, seu transactio vocetur, seu non, tamen pro divisione hereditatis rerumque communium accipi debeat. Il rapporte l'espèce d'une contestation célèbre où l'on avait consulté tout ce qu'il y avait de jurisconsultes fameux et de magistrats instruits : tous convinrent, et l'arrêt jugea qu'une transaction de l'année 1580, quoique faite en connaissance de cause, et sur les titres de la famille, ne devait cependant être considérée que comme un partage qui n'empêchait point que l'on n'en vînt à un nouvel examen pour rétablir l'égalité. Et Mornac, sur la loi 20 du même titre, ajoute qu'il n'y a rien de plus connu que cette règle : « *Nihil est vulgarius in quotidianis familiæ erciscundæ quœstionibus; si enim inveniatur lesio* du quart au tout, l'on peut agir au nouveau partage, et prendre lettres à cet effet. »

« Nous tenons encore pour maxime au palais (dit également Leprêtre à l'endroit cité), que le premier acte qui se fait entre les héritiers, quoiqu'il soit déguisé du nom de contrat d'échange, même de transaction, est néanmoins tenu pour partage, et qu'il y a restitution en icelui, s'il y a lésion. »

Bretonier, sur Henris, t. II, p. 944, tient le même langage : « C'est une maxime constante dans tous les tribunaux, que l'on peut revenir contre le partage, *quoique fait par transaction*, et quoique la transaction soit intervenue sur un procès intenté pour parvenir au partage; car l'acte qui finit cette discussion est toujours un partage; et... on ne peut appliquer à cette matière les ordonnances qui excluent tout recours contre les transactions, même pour lésion, parce qu'on ne peut se servir de leur disposition contre une transaction qui n'a véritablement rapport qu'à un partage. »

C'est aussi ce qu'ont jugé plusieurs arrêts, outre celui dont nous avons déjà parlé d'après Mornac.

L'Hommeau, liv. 9, maxime 36, en cite un rendu au parlement de Paris, le 27 février 1577. Deghewiet, dans ses *Institutions au droit belgique*, § des transactions, art. 2, nous en fournit une autre du parlement de Flandre, en date du 31 décembre 1697.

Il y en a un autre du parlement de Pau, de 1712, qui « ordonne la composition de masse dans la famille de Pordoy-Desquise, quoiqu'il y eut une transaction passée entre l'aîné et le cadet sur l'exécution d'un testament du père commun, qui avait légué 25 francs au cadet, dans laquelle l'aîné avait promis 200 francs. Les enfans du cadet furent reçus à prouver la lésion dans la transaction, que la cour regarda comme un acte de partage, parce que c'était le premier acte passé entre les frères. » (Recueil des manuscrits des anciens avocats au parlement de Pau.)

En voici encore un du même tribunal, qui est plus récent. Le 22 juin 1784, Martin Noureux et consors ont présenté requête contre Jacques-Philippe Noureux, demeurant à Doignies-en-Cambresis, pour le faire condamner « à entrer en partage des biens de leur père et mère communs. » Au lieu de comparaître sur l'assignation, Jacques-Philippe Noureux s'est rapproché de ses cohéritiers; et le 7 juillet de la même année, il a été fait entre eux un partage qualifié de *transaction*. Bientôt Jacques-Philippe Noureux s'est aperçu que cet acte lui inférait une lésion considérable. Pour le faire rescinder, il a obtenu à la chancellerie près le parlement de Flandre des lettres de restitution en entier, et il les a présentées à l'entérinement aux baillis et aux hommes de fiefs du chapitre métropolitain de Cambrai, juges communs de toutes les parties. Par sentence du 28 janvier 1785, les lettres ont été rejetées, et Jacques-Philippe Noureux a été condamné aux dépens. Appel au parlement de Flandre. Par arrêt du 29 juillet 1785, rendu à la seconde chambre, au rapport de M. Leboucq, il a été prononcé en ces termes : « La cour a mis et met l'appellation et ladite sentence au néant; émendant, entérine les lettres de rescision en entier dont il s'agit au procès; ce fesant, remet les parties dans le même état où elles étaient avant l'acte du 7 juillet 1784; condamne les intimés aux dépens, tant de la cause principale que de celle d'appel. »

Ces mêmes principes existent aujourd'hui : ils sont consacrés par le Code civil, art. 888, qui porte : « L'action en rescision est admise contre tout acte qui a pour objet de faire cesser l'indivision entre cohéritiers, encore qu'il fût qualifié de vente, d'échange et de *transaction*, ou de toute autre manière.

» Mais après le partage ou l'acte qui en tient lieu, l'action en rescision n'est plus admissible contre la *transaction* faite sur les difficultés réelles que présentait le premier acte, même quand il n'y aurait pas eu à ce sujet de procès commencé. »

Voici le motif de cet article donné par M. le conseiller-d'état Treillard : « La section (de législation) s'était déterminée par la raison que le premier acte que les héritiers font entre eux tend toujours à partager la succession : ainsi (continuait-il), cet acte doit être résoluble dans le même cas que tout autre partage, peu importe qu'on l'ait appelé une *transaction;* il faut s'arrêter plus à la réalité qu'au titre ». (V. ch. 5, art. 16, ci-après).

Voilà donc la règle générale posée en tête de cet article, bien établie, tant par les principes de l'ancien droit que par ceux du nouveau.

2. Maintenant y a-t-il quelque exception à cette règle?

Un arrêt de rejet de la cour de cassation, en date du 7 février 1809, au rapport de M. Génevais, nous présente un cas où un pareil acte peut être considéré comme transaction, et doit être exécuté comme tel.

C'est lorsque des cohéritiers qui, avant de procéder au règlement de leurs droits respectifs *ont plaidé sur la consistance de ces droits*, mettent fin à leurs contestations, et fixent ce qui doit revenir à chacun d'eux par une transaction, lorsqu'il est constant surtout que cet acte est exempt de dol.

Cet arrêt se trouve dans M. Merlin, au Répertoire, v° *transaction*, § 5, n. 13, entre les frères et sœurs Reynaud.

En effet, lorsque la consistance de la succession présente de telles difficultés qu'il est impossible de la déterminer sans le secours de la justice, sans avoir recours aux tribunaux, avec la meilleure intention de s'accorder à l'amiable, et lorsqu'après avoir tenté les voies judiciaires on s'aperçoit que le procès ne peut que produire de grands préjudices par les frais considérables et les sollicitudes inquiétantes qui en sont ordinairement la suite, il est bien permis de terminer ces différens vexatoires, comme tous autres, par une transaction, par un acte qui soit tel et de fait et de nom. Un pareil acte, dans cette circonstance, rentre parfaitement bien dans les principes qui régissent les transactions, c'est-à-dire qu'il termine une contestation née, *litigium motum*, et qui transige *quasi de re dubiâ et lite incertâ neque finitâ;* moyen qui est beaucoup plus sage et plus avantageux que de plaider, quand surtout, nous le répétons, la transaction est faite franchement et loyalement de part et d'autre. Ici on ne peut pas dire que ce serait un moyen de violer le principe de l'égalité dans les partages des biens dans les successions; car par le jugement du procès, la lésion pour l'un ou pour l'autre des héritiers aurait encore pu être plus considérable, puisqu'il est incertain comment la difficulté aurait été décidée, et si les juges auraient rencontré plus juste que les parties elles-mêmes; et puis il faut ajouter à cela les frais, qui ne sont pas ordinairement peu de chose, qui peuvent réduire de beaucoup la succession : *multum lucratur qui a lite discedit* (v. ch 6, art. 16).

Art. V. *Si l'on peut transiger sur les dispositions d'un testament sans en avoir fait ou s'en être fait faire lecture.*

On ne pouvait pas autrefois transiger sur les dispositions d'un testament sans en avoir fait ou s'en être fait faire lecture; autrement l'acte était nul. C'est la décision de la loi 3, D. *de transact. : cùm transactio propter fideicommissum facta est, et postea codicilli reperti sunt, quæro an quantominùs ex transactione consecutâ mater defuncti fuerit, quàm parte suâ est, id ex fideicommissi causâ consequi debeat? Respondi debere.*

La loi 6 du même titre est plus générale : *De his controversiis quæ ex testamento proficiscuntur, neque transigi, neque exquiri veritas aliter potest, quàm inspectis cognitisque verbis testamenti.*

La loi 12 du même titre est également fondée sur ce principe : *si postea codicilli proferuntur, non improbè mihi dicturus videtur de eo duntaxat se cogitasse, quod illarum tabularum quas tunc noverat, scriptura contineretur* (V. Voët *ad Pandectas, loc. cit.*, n. 12).

Mais ne pouvait-on pas, en transigeant de la sorte, renoncer à l'inspection du testament, et au droit de résilier, que produit le défaut de cette inspection?

Non, parce que s'il est enjoint aux parties de prendre connaissance des dispositions du défunt avant de transiger, c'est pour empêcher que la volonté du testateur ne demeure sans effet, et qu'on regardait comme important à l'ordre public de faire exécuter les derniers vœux d'un mourant (l. 5, D., *testamenta quemadmodum aperiantur*). Tel est d'ailleurs le sentiment de Voët sur le Digeste, l. 2, tit. 15, n. 13; de Peregrini, *de fideicommissis*, art. 52, n. 78; de Gail, l. 2, obs. 139; et de Vinnius, *de transactionibus*, ch. 5, n. 7.

Le Code civil ne renouvelle pas les lois citées, et par conséquent les abroge, par la raison que *quod lex tacuit noluit*, et parce que d'ailleurs la loi du 10 germinal an XII (21 mars 1804) a abrogé, à compter du jour où le Code civil a été exécutoire, et ont cessé d'avoir force de loi générale et particulière les lois romaines, les ordonnances, les coutumes générales et locales, les statuts, les règlemens dans les matières qui sont l'objet du Code.

Un arrêt de la cour de Pau, en date du

20 mars 1822, S. t. XXII, p. 223, a décidé que les dispositions des lois anciennes relatives à des matières sur lesquelles le Code contient un système complet sont abrogées, par cela seul que ces dispositions n'y sont pas reproduites (V. aussi t. XXI, P^ie^ 2 p. 274).

Dès lors la transaction est permise aujourd'hui avant la lecture du testament : *quod lege non est prohibitum intelligitur esse concessum.* Mais elle pourrait être rescindée comme toute autre, dans les cas ordinaires déterminés par la loi, comme nous le ferons voir ailleurs, notamment d'après les art. 2053, 2054, 2057 du Code civil.

Art. VI. *Si l'on peut transiger sur la validité, l'effet ou l'étendue d'une pension alimentaire.*

Peut-on transiger sur la validité, l'effet ou l'étendue d'une pension alimentaire?

La loi 8, § 2, *de transact.*, décide qu'on le peut indistinctement lorsque la pension a été constituée par un contrat, parce qu'ayant en ce cas reçu l'être de la volonté des parties, il est naturel que la volonté des parties puisse aussi la modifier. *Nihil tam naturale est quàm unumquodcumque eo genere dissolvi quo colligatum est* (l. 35, D. *de reg. jur.*)

Les nouveaux éditeurs de Dénisart prétendent que la jurisprudence des arrêts est contraire à cette loi 8e; mais ils n'en donnent aucune preuve : leur assertion est même démentie par un arrêt du parlement de Rouen, du 17 mai 1754, qui a jugé valable l'amortissement qu'un père, de son autorité privée, avait fait d'une rente viagère dont il s'était déclaré par contrat débiteur envers son fils naturel.

M. Merlin avait dit, dans sa première édition du Répertoire de jurisprudence, que cet arrêt ne devait pas faire règle; mais depuis il est revenu de cette erreur (V. ce qu'il dit à ce sujet dans sa 4e édition, vol. *Alimens*, § 8, n. 2).

Si la pension a été constituée par une disposition à cause de mort, il faut distinguer : ou la transaction porte sur des arrérages, ou elle a pour objet les échéances à venir.

Au premier cas elle est valable, suivant la loi 8, C. *de transact.;* au second, elle est nulle, si elle tend à éteindre ou à diminuer la pension; ou du moins, en ce cas, elle ne peut avoir d'effet si elle n'est homologuée par le juge, avec connaissance de cause. C'est ce que décide la loi 8, D. *de transactionibus.*

La raison de cette décision, dans le premier cas, est que celui auquel les alimens ont été laissés, ayant vécu sans ce secours, les revenus passés ne doivent plus servir aux alimens, ni par conséquent en avoir la faveur. Il ne faut pourtant pas prendre ceci à la lettre; car si celui qui doit les alimens avait été en demeure de les payer, et que celui auquel ils sont dûs eût été obligé d'emprunter pour vivre, les arrérages passés conserveraient alors tout leur privilége.

La raison du second cas est également sensible. Le testateur ayant eu intention que le légataire eût des alimens en tout temps, sa vie durant, il n'appartient ni à ce légataire, ni à ses héritiers de modifier et restreindre sa volonté; elle doit être exécutée sans aucun changement. La disposition de la loi est d'autant plus sage, que si elle n'avait pas lieu, un dissipateur pourrait consumer en très peu de temps ce qui lui a été laissé pour subsister durant sa vie, et retomber ainsi dans la misère dont on a voulu le tirer. D'ailleurs la libéralité ne serait point employée selon l'intention de celui qui l'a faite, si l'on permettait à un prodigue de dépenser par avance ce qui est destiné à le nourrir journellement.

Quelques auteurs ont prétendu que cette loi ne devait plus être suivie dans nos mœurs : tel est Zipæus, *notitiâ juris belgici*, liv. 1, tit. *de transactionibus*.

Mais Grotius, *Manuductio ad jurisprudentiam Hollandiæ*, liv. 3, ch. 4, n. 9; Voët, sur le Digeste, liv. 2, tit. 15, n. 14; Groenewegbem, *de legibus abrogatis*, sur la loi 8, C. *de transact.*, la mettent au rang des lois encore en vigueur. Ce qu'il y a de certain, c'est qu'elle a servi de base à un arrêt du parlement de Paris, du mois de septembre 1555, rapporté par Papon, liv. 18, tit. 1, n. 1.

Tels étaient les principes dans l'ancien droit.

Quoique les raisons sur lesquelles ils sont fondés paraissent les plus sages et les plus respectables, cependant le Code civil n'ayant pas renouvelé la défense de transiger sur les legs d'alimens, cette défense est par cela seul abrogée, suivant la même règle que nous avons posée dans l'art. précédent, relativement au silence des nouvelles lois lorsqu'elles font l'objet des mêmes matières (V. la loi du 30 ventôse-10 germinal an XII, 21 mars 1804), et par conséquent les transactions sont permises sur un pareil objet.

ART. VII. *Si l'on peut transiger sur une demande en nullité de mariage.*

1. On ne peut transiger sur une demande formée par une personne contre l'autre en nullité de leur mariage, pour consentir mutuellement que leur mariage soit considéré comme nul, à moins qu'elle ne fût homologuée par le juge en connaissance de cause, et sur les conclusions du ministère public.

La raison en est que le mariage est d'ordre public supérieur, qui intéresse au suprême degré les bonnes mœurs, et qu'il n'est pas plus permis de transiger sur de telles matières que de faire de simples conventions; que, d'un autre côté, il y aurait à craindre de voir les divorces volontaires se multiplier sous la forme de transactions sur procès. Le chapitre dernier aux décrétales fait même entendre qu'on le fait valablement en faveur du mariage, mais *jamais* pour en opérer la dissolution, ou pour en relâcher le lien.

De là les arrêts sans nombre qui les ont confirmées, notamment ceux rapportés dans le Répertoire de jurisprudence de M. Merlin, aux mots *séparation de biens*, section 2, § 3; *séparation de corps*, § 3 (V. aussi § 1, n. 9; et *conventions matrimoniales*, § 2).

2. Mais on peut transiger à l'effet de maintenir le lien conjugal.

Ces deux règles, celle qui prohibe et celle qui permet, suivant que c'est dans l'intérêt ou au préjudice du mariage, sont universellement reconnues. Voët, sur le Digeste, titre *de transact.*, n. 15, dit : « *De causis quoque matrimonialibus transactionem pro matrimonio quidem, at non contra illud, interponi tradunt interpretes.* » C'est aussi ce qu'enseignent Vinnius, dans son traité *de transactionibus*, ch. 4, n. 12; et Gail, dans ses *Observationes praticæ*, liv. 2, obs. 94, n. 14. Elles sont une conséquence des dispositions du chapitre des décrétales qui vient d'être cité (V. l'arrêt rapporté aux *Questions de droit* de M. Merlin, *v^is* *rente foncière*, *rente seigneuriale*, § 22).

Nos lois nouvelles n'y sont pas contraires, mais plutôt elles les confirment implicitement, par les diverses dispositions qu'elles renferment sur le respect qu'on doit avoir pour l'ordre public et les bonnes moeurs.

L'art. 6 du Code civil porte : « On ne peut déroger, par des conventions particulières, aux lois *qui intéressent l'ordre public et les bonnes mœurs.*

« La cause est illicite, dit l'art. 1133, quand elle est prohibée par la loi, quand elle est contraire *aux bonnes mœurs ou à l'ordre public.* »

On peut voir *passim* dans le même Code, d'autres articles conformes à ces sages et saintes maximes, notamment les articles 686, 900, 1172, 1387 et 1390. Ces maximes ne sont que la répétition de celles consacrées par les lois romaines : « *privatorum pactis*, disent-elles, *juri publico derrogari non potest;* et *impossibilium nulla est obligatio, et quæ bonos mores lædunt viro probo impossibilia videntur*, etc. »

Ces maximes de droit, soit ancien, soit nouveau, sont donc parfaitement applicables aux deux cas proposés, parce qu'elles prohibent la transaction dans le premier, et qu'elles la favorisent dans le second, vu que l'un blesse essentiellement l'ordre public et les bonnes mœurs, et que l'autre, au contraire, les protége (V. au surplus les art. 307 et 1443 du Code civil ; 872 du Code de procédure civile).

Art. VIII. *Si l'on peut transiger sur la question de savoir si telle redevance est ou non comprise dans l'abolition des droits féodaux.*

On peut transiger sur la question de savoir si telle redevance est ou non comprise dans l'abolition des droits féodaux ; mais la transaction n'est valable qu'autant qu'elle reconnaît la rente comme foncière, et qu'elle écarte de cette rente toute apparence de féodalité; qu'elle offre cette rente à tous les yeux avec le caractère d'une prestation conservée, même protégée par la loi, comme le sont les rentes foncières par la loi du 17 juillet 1793.

On ne peut pas dire qu'ici l'ordre public soit violé, puisqu'on y écarte toute prestation féodale, laquelle seule pourrait rendre la transaction nulle, comme l'ont décidé les lois du 1er brumaire an II, et 27 brumaire an V, relatives aux prestations féodales qui seraient imposées à des fermiers ou colons par des baux temporaires; d'où, nulle raison pour qu'il n'en soit pas de même des prestations féodales qui seraient stipulées par des actes de concession perpétuelle de fonds.

Il est d'autant moins permis de douter de cette faculté de transiger sur cette matière dans le sens que nous venons de présenter, qu'un arrêté du gouvernement, inséré au Bulletin des lois, en date du 18 frimaire an XII, sur le rapport du ministre de l'intérieur, la met dans tout son jour et lève toutes les difficultés : par cet arrêté, le gouvernement a décidé qu'il peut être transigé sur la question de savoir si telle rente a été originairement féodale ou mélangée de féodalité, et a déclaré ces transactions valables et obligatoires.

Un arrêt de la cour de cassation, qui se trouve dans le Journal du Palais, t. XXIX, p. 53, et dans

Dénevert, t. VIII, p. 524, le reconnaît ainsi et consacre le principe.

Art. IX. *Si l'on peut transiger sur l'intérêt civil qui résulte d'un délit.*

1. On peut transiger sur l'intérêt civil qui résulte d'un délit; mais la transaction n'empêche pas la poursuite du ministère public. Ce sont les dispositions textuelles de l'art. 2046 du Code civil, au titre qui nous occupe.

Ce principe de notre législation est basé sur les dispositions des lois romaines, qui disent qu'on peut transiger sur un délit lorsque le délit est du nombre de ceux qu'on appelle *privés*, c'est-à-dire quand il ne consiste qu'en vol, en injures, ou en dommages causés par dol, faute ou impéritie, mais alors même, disent-elles, si le délit est de nature à produire une condamnation infamante, la transaction imprime le sceau de l'infamie sur le coupable, parce qu'elle emporte de sa part un aveu qui équivaut à une condamnation (l. 54, § dernier; l. 56, § 4, D. *de furtis;* l. 4, § dernier; l. 5; l. 6, § 3, D. *de his qui notantur infamiâ;* § *pen.*, *Inst. de pœnâ temerè litigantium;* 1, D. *de confessis;* l. 56, D. *de re judicatâ.* Mais il y a cette différence, que ces sortes de transactions, autorisées par ces lois romaines, avaient leur effet tant par rapport aux intérêts civils que par rapport à la vindicte publique; c'est-à-dire qu'en vertu de la transaction passée avec la partie civile, l'accusé était à l'abri de toute poursuite de la part de la justice pour la punition du crime, ce qui n'est pas de même sous notre nouvelle législation, pas plus qu'il ne l'était auparavant sous nos anciens usages, dont nous parlerons dans le paragraphe suivant, indépendamment de ce qui suit.

Dans le projet de l'ordonnance de 1670, il y avait un article qui défendait à toute personne de transiger sur des crimes de nature à provoquer une peine afflictive ou infamante, à peine de 500 livres d'amende tant contre la partie civile que contre l'accusé qui eût été tenu pour convaincu. Mais M. le président de Lamoignon et M. Pussart firent retrancher cet article comme trop rigoureux, et comme n'étant point nécessaire dans nos mœurs, où l'intérêt social, qui exige que les crimes soient punis, est indépendant de toute convention particulière. On a dû considérer aussi que celui même *qui est innocent* peut faire un sacrifice pécuniaire pour éviter l'humiliation d'une procédure dans laquelle il serait obligé de se justifier, et on a dû conclure que la transaction n'étant pas faite sur le délit même, avec celui qui est chargé de le poursuivre, *on ne doit pas en induire un aveu.*

2. De même que la reconnaissance des parties privées, qu'il n'y a pas eu de délit, ou que ce délit a été réparé, n'empêche pas la partie publique de se pourvoir et de le faire punir; de même aussi la circonstance que le ministère pu-

blic a échoué dans sa poursuite, faute de preuve suffisante, ou autrement, ne peut anéantir les transactions que les parties ont faites relativement au délit avoué et prouvé entre elles. Il y a même une loi romaine qui décide qu'il y a de l'improbité à demander la réscision d'une vente ou d'une promesse qu'on a consentie pour se délivrer d'une accusation dont on était atteint ou simplement menacé; c'est la loi X, au code, *dehis quæ vi metûsve causâ gesta dicutur*. Voici comment elle s'exprime: *accusationis constitutœ vel futurœ metu alienationem vel promissionem factam rescindi postulantis improbum est desiderium.*

Il y a pourtant un arrêt de rejet de la Cour de cassation, en date du 17 mars 1813, rapporté par Sirey, t. 13, par 262, qui a décidé que « un jugement criminel ou correctionnel qui acquitte un prévenu de l'inculpation de vol, à l'effet *de la chose jugée*, même à l'égard des tiers qui n'ont pas été parties présentes, ou appelées au procès. Il y a tellement l'effet de la chose jugée, qu'il annulle l'effet d'une déclaration contraire, souscrite par le prévenu lui-même, tel qu'un aveu de vol. Ainsi une réparation civile causée pour réparation de vol, est réputée sans effet, *à défaut de cause*, dès qu'un jugement ultérieur a déclaré n'y avoir point de vol. »

Mais il est manifeste que cet arrêt est complètement erroné; il fronde ouvertement tous les principes tant anciens que nouveaux. En effet, en suivant ses dispositions, l'art. 2046 devient comme non écrit. Car, à quoi servirait de transiger sur l'intérêt civil qui résulte d'un délit, comme le veut cet article, si, comme le dit d'un autre côté l'arrêt cité, la réparation civile causée pour réparation des dommages inférés par ce délit est réputé sans effet ? Et à quel but, à quelle fin la loi aurait-elle autorisé cette transaction, si elle ne devait produire aucun effet? Il est, on peut le dire, impossible de le comprendre. Cet arrêt est évidemment, comme je l'ai déjà dit, en opposition manifeste, non-seulement avec l'article 2046, mais comme on peut le voir par tout ce qui précède, avec les anciens principes. La raison que donne cet arrêt de la nullité qu'il prononce ne porte pas sur un fondement plus solide : elle est, si on peut le dire, peut-être encore plus bizarre. La transaction, dit-il, est réputée sans effet, *à défaut de cause*. Mais comment y a-t-il défaut de cause? parce que la vindicte publique n'aura pas pu constater le délit, parce qu'elle aura échoué dans ses poursuites? Et que nous importe cela? Est-ce que la loi n'est pas là pour nous relever de la déchéance que vous nous imposez, de l'imputation que vous adressez à la transaction d'être sans cause ? Et qu'est-ce donc que cette autorisation de la loi nouvelle, comme des lois anciennes, de transiger sur les intérêts civils de la part du plaignant avec le délinquant, que la véritable cause de la transaction, lorsque l'action de la partie civile est distincte et séparée de l'action publique, lorsque la transaction sur les intérêts civils autorisée par les lois ne préjudicie ni ne peut préjudicier en rien à l'action du ministère public réservée expressément par ces mêmes lois, lorsque, comme nous l'avons vu plus haut, il est conséquent de dire, d'après cette distinction, que puisque la reconnaissance des parties privées, par la transaction, qu'il n'y a pas eu de délit, ou que ce délit a été réparé, n'empêche pas la partie publique de se pourvoir et de le faire punir, il y a même raison de dire que la circonstance que le ministère public a échoué dans sa poursuite, ne peut anéantir les transactions que les parties ont faites relativement au délit avoué et prouvé entre elles. Cette décision est appuyée de la loi romaine que nous avons déjà rapportée, *de his quœ vi metûsve causâ gesta dicuntur*, 10e au code. Et puis n'y a-t-il pas l'autre raison aussi, qui a dirigé les législateurs, particulièrement celui qui a porté l'article 2046 pour rendre exécutoire ces sortes de transactions, malgré l'insuccès de la vindicte publique, que celui *même qui est innocent* peut faire un sacrifice pécuniaire pour éviter l'humiliation d'une procédure dans laquelle il serait obligé de se justifier? Et ceci est, bien certainement, une cause. D'un autre côté, l'article 2046 étant muet sur toute autre cause de la transaction, il y a raison de croire que la loi n'exige plus rien à cet égard;

parce qu'il n'est pas douteux que si elle avait entendu que la transaction sur les intérêts civils n'eût eu de valeur qu'autant que le délinquant aurait succombé dans la poursuite faite contre lui par la vindicte publique, elle n'aurait pas manqué de s'en expliquer; ne l'ayant pas fait, son silence doit être pris en faveur de l'opinion contraire, surtout quand cette opinion est en opposition flagrante avec le sens raisonnable qu'elle présente d'elle-même et aux maximes de tous les temps: *debet lex interpretari ut aliquid operetur.* Serait-ce la première fois d'ailleurs qu'on aurait vu le ministère public échouer dans la poursuite des délits réellement existans faute de preuve suffisantes ou autrement? Les dommages n'en existent-ils pas moins dans ce cas? Ce serait une bonne justice que celle qui interdirait à la partie lézée d'en poursuivre la réparation par cela seul qu'une partie étrangère au différend, qui est né de ces délits entre les deux parties privées, aura succombé dans ses poursuites particulières dans l'intérêt de la vindicte publique! faudra-t-il que les particuliers soient dupes de la mauvaise manière d'agir ou de se défendre du ministère public dans ses poursuites particulières? Mais d'ailleurs, la loi elle-même n'autorise-t-elle pas l'exercice de ces droits, même après *l'acquittement de l'accusé*? L'art. 358 du code d'instrution criminelle dit: « Lorsque l'accusé aura été déclaré non coupable, le président prononcera qu'il est acquitté de l'accusation, et ordonnera qu'il soit mis en liberté, s'il n'est retenu pour autre cause. La Cour statura ensuite sur les dommages-intérêts respectivement prétendus, après que les parties auront proposé leurs fins de non recevoir ou leurs défenses, et que le procureur-général aura été entendu. L'art. 366 répète cette disposition. »

La loi est bien expresse. Comme on le voit, l'acquittement, le relaxe de l'accusé ne fait pas qu'il ne puisse être dû des dommages résultant des délits dont l'accusé aurait été déclaré non coupable, et acquitté; et l'on a vu mille fois qu'il en a été accordé en pareil cas à la partie plaignante, notamment à la Cour royale de Toulouse, séance de Cour d'assises. Cela paraît d'autant moins douteux que le jugement sur l'action en dommages est rendu par un tribunal différent que celui du jugement sur l'intérêt de la vindicte publique, quoique ce soit par les mêmes juges composant la Cour d'assises, lorsque l'action civile a lieu en même temps que l'action publique. Car le jugement, dans l'intérêt de la vindicte publique, est rendu par les jurés, tandis qu'au contraire, le jugement sur les intérêts civils est rendu par les juges seulement, composant la Cour; et qu'alors les juges du civil, tout en respectant le jugement des jurés peuvent trouver des circonstances dans l'action de l'accusé, qui, sans le rendre passible de la peine publique, le rendent pourtant passible des dommages qu'il aura occasionnés. Ce qui prouve de plus en plus que l'action civile est indépendante de l'action publique que des dommages peuvent être dus et adjugés, malgré l'acquittement ou l'absolution de l'accusé, et que le tribunal est différent aussi bien que le jugement de celui des jurés, c'est la disposition finale de l'art. 359 du code d'instruction; elle est ainsi conçue : « A l'égard des tiers qui n'auraient pas été parties au procès, ils s'adresseront au tribunal civil. » Les articles de lois, les preuves en tout genre fourmillent (car je ne dis pas tout ce qui pourrait être dit encore à cet égard) en faveur de cette thèse.

Il n'est donc pas vrai de dire, comme l'arrêt que nous discutons, qu'un jugement criminel ou correctionnel qui acquitte un prévenu de l'inculpation du vol (du délit), à l'effet de la chose jugée, *même à l'égard des tiers qui n'ont pas été parties présentes ou appelées au procès*. Il n'est pas vrai de dire, comme le dit ce même arrêt, qu'il a tellement l'effet de la chose jugée, qu'*il annulle l'effet d'une déclaration contraire souscrite par le prévenu lui-même, tel qu'un aveu de vol.* Dès-lors, il n'est pas vrai non plus, d'après tout ce que nous avons dit à ce sujet, et en conséquence du texte de la loi même, qu'une réparation civile causée pour réparation de vol (ou de tout *autre délit*), *soit réputée sans effet* A DÉFAUT DE CAUSE. La cause est parfaitement existante en réalité comme en expression : c'est le *fait* du délit qui a donné lieu à la convention, *fait* reconnu et prouvé par les deux parties privées, *fait* qui, criminel ou non, a ou peut avoir occasionné des dommages, et fait, enfin, qui a donné lieu à la transaction autorisée par la loi, dans laquelle transaction ce fait doit être nécessairement compris, ramené. Vainement donc, et très-vainement l'on dit que la convention, ou la transaction est sans cause par cela seul que le ministère public a succombé dans ses poursuites contre l'auteur de ce même fait, dans l'intérêt de la vindicte publique; je crois avoir suffisamment réfuté cette prétention par tout ce qui a été dit sur ce point.

3. Il semblerait d'après tout cela, que nous n'aurions plus rien à dire contre cet arrêt pour le déconsidérer totalement, pour faire voir l'erreur patente, matérielle dans laquelle il est tombé, et l'oubli, si non le mépris qu'il renferme de tous les principes et des lois. Mais comme les arrêts de la cour suprême tirent à la plus grande conséquence, qu'ils séduisent ordinairement plus que toutes autres décisions judiciaires, et sont considérés presque comme faisant loi, il est bon, lorsque l'occasion s'en présente, comme dans celui-ci, de les bien examiner à fond, de les bien disséquer pour en montrer au grand jour toutes les irrégularités, tous les défauts et les vices. Ainsi, procédons, dans le cas qui nous occupe, suivant cette règle; et en conséquence examinons

en particulier un des principes sur lesquels il a fondé sa décision, et que nous n'avons pas débattu.

3. L'arrêt que j'attaque a basé sa décision sur deux principes fondamentaux : sur *l'autorité de la chose jugée*, et sur la cause essentielle aux conventions. Nous avons tout dit sur ce dernier point. Voyons maintenant le second.

Il semble que pour montrer le vice de l'arrêt en cette partie, il n'y aurait qu'à voir l'art. 1351 du Code civil; voici ses dispositions: « L'autorité de la chose jugée n'a lieu (1°) *qu'à l'égard de ce qui a fait l'objet du jugement;* (2°) il faut que la chose demandée *soit la même;* (3°) que la demande soit fondée *sur la même cause;* (4°) que la demande soit *entre les mêmes parties*, (5°) et formée *par elles*, (6°) *et contre elles*, (7°) *en la même qualité.* »

Cet article de la loi présente donc, comme l'on voit, sept conditions pour qu'il y ait véritablement chose jugée dans une affaire. Voyons si elles se rencontrent dans notre espèce.

Première condition, *ce qui a fait l'objet du jugement.*

Qu'est-ce qui fait l'objet du jugement entre les parties civiles ou privées? — Les intérêts civils seulement. — Qu'est-ce qui fait l'objet du jugement entre la partie publique et l'accusé du délit? — La réparation du tort fait à la société, la punition du coupable dans l'intérêt de la vindicte publique. Voilà deux objets donc bien différens. Première différence, et premier moyen bien contradictoire à l'égard de la chose jugée.

Seconde condition : *que la chose demandée soit la même.*

Que demande la partie civile? — La réparation des dommages qu'elle a éprouvés par suite du délit, et pas autre chose : — Que demande la partie publique? Toujours l'application de la peine due au coupable pour venger la société du tort qui lui a été fait par l'auteur du délit : seconde différence, seconde contradiction.

Troisième condition : *que la demande soit fondée sur la même cause.*

Ici, comme dans les autres conditions, c'est bien la même cause qui fait agir la partie privée et la partie publique contre l'auteur du délit, puisque c'est à raison de ce même délit, ou plutôt du même fait, que l'une et l'autre partie agit; mais, comme nous venons de le voir, le motif est différent : l'un agit en vue de ses intérêts particuliers, et l'autre agit en vue des intérêts publics. Troisième différence, troisième contradiction.

Quatrième condition : *que la demande soit entre les mêmes parties.*

Ici, d'un côté c'est la partie civile et privée qui agit pour ses dommages, ou qui a obtenu le jugement contre le délinquant relativement à ses intérêts civils; de l'autre, c'est la partie publique, le ministère public qui agit dans l'intérêt de la société, pour faire appliquer la peine due au coupable à raison de ce même délit ; or, comme l'on voit, ce sont bien deux personnes distinctes. Quatrième différence, quatrième contradiction.

Cinquième condition : *que la demande soit formée par les mêmes parties.*

Ici encore, la différence est patente : les intérêts civils ne sont demandés et ne peuvent être demandés que par la partie privée, et les intérêts publics ne sont demandés et ne peuvent être demandés que par la partie publique. Donc le jugement rendu sur la demande du ministère public ne peut avoir d'autorité de la chose jugée, encore à cet égard, par rapport à la partie civile et à ses intérêts privés. Donc cinquième différence, cinquième contradiction.

Sixième condition : *que la demande* (indépendamment qu'elle doit être formée par les mêmes parties) *soit formée contre elles.*

Ici l'action civile et l'action publique sont bien exercées contre le même, mais non pas par les mêmes parties réciproquement l'une contre l'autre, pour le même objet ou pour la même chose demandée, puisque l'objet du différend existant entre la partie civile et l'auteur du délit, qui agissent par conséquent l'un contre l'autre, consiste en la réparation des dommages, dans l'action relative aux intérêts civils ; et que l'objet de l'action du ministère public, qui fait le différend de celui-ci contre le délinquant, consiste dans la réquisition de la peine, en réparation du tort fait à la société, où par conséquent aussi ces deux parties agissent seulement l'une contre l'autre. Sixième différence, sixième contradiction.

Enfin, septième condition : il faut que la demande soit formée par les mêmes parties et contre elles *en la même qualité*.

Ici les qualités sont bien différentes : l'une des parties demanderesses agit en qualité de *partie civile*, et l'autre, en qualité de *partie publique ;* l'une en qualité de partie privée qui agit pour son intérêt particulier, sans s'occuper nullement de l'intérêt public; l'autre, en qualité de partie publique qui agit pour l'intérêt général, pour l'intérêt de la société toute entière, sans s'occuper nullement de l'intérêt privé ou particulier. Septième différence, septième contradiction.

L'on voit donc, en résumant, qu'on peut, qu'on doit même considérer les deux actions dirigées contre le même délinquant, pour *le même fait*, l'une pour les réparations civiles taxativement, l'autre, pour la vindicte publique aussi taxativement, comme deux procès particuliers et différens exercés contre le même individu; et que conséquemment le jugement de l'une de ces deux actions ne peut pas constituer l'autorité de la chose jugée contre l'autre, puisque, en pareil cas, il ne s'y rencontre aucune des sept conditions que la loi exige dans son art. 1351, qu'il s'y rencontre simultanément, pour avoir l'autorité de la chose jugée.

Il n'est donc pas vrai, suivant nous, que le jugement criminel ou correctionnel qui acquitte un prévenu de l'inculpation de vol (ou d'un délit en général), ait l'effet de la chose jugée à l'égard des tiers qui n'ont pas été parties présentes ou appelées au procès, et que par conséquent, et sous ce second rapport, il annulle l'effet d'une déclaration contraire, souscrite par le prévenu lui-même, telle qu'un aveu de vol, enfin une *transaction*, comme le dit l'arrêt que nous combattons.

La transaction donc ayant autorité de chose jugée en dernier ressort entre les parties, suivant toutes les lois, notamment suivant l'art. 2052 du Code civil, et suivant ce qui sera dit dans la suite, celle faite sur les intérêts civils résultant d'un délit quelconque par les parties privées, doit être exécutée envers et contre tous, lorsqu'elle est régulièrement faite, quel que soit le résultat de la poursuite publique.

4. Au reste, quand on dit que les parties civiles peuvent transiger sur les crimes et délits, cela s'entend des crimes déjà commis ; car une transaction qui permettrait d'en commettre à l'avenir serait radicalement nulle et ne produirait aucun effet. Les jurisconsultes romains l'avaient ainsi décidé implicitement par la loi 27, § 4, D. *de pactis*, et par la loi 70, § dernier, D. *de fide jussoribus*, et la jurisprudence ancienne s'y est conformée. Louet, lettre B, § 10, rapporte un arrêt du 18 septembre 1600, qui casse une transaction par la-

quelle un simoniaque était maintenu en possession du bénéfice qu'il avait acquis par des voies illicites.

C'est sans doute sur le même fondement qu'un grand nombre d'auteurs français regardent comme nulles les transactions faites sur le faux; car ce crime est, à certains égards, du nombre de ceux qui ont ce qu'on appelle *tractum temporis;* et c'est en quelque sorte le continuer que de jouir des effets du titre qui le renferme.

L'opinion de ces auteurs n'est cependant pas exacte : l'art. 52 du titre 2 de l'ordonnance de 1737 la modifie avec beaucoup de sagesse; voici comment il est conçu :

« Les transactions, soit sur l'accusation de faux principal, ou sur la poursuite du faux incident, ne pourront être exercées, si elles n'ont été homologuées en justice, après avoir été communiquées à nos procureurs ou à ceux des hauts justiciers, lesquels pourront faire à ce sujet telles réquisitions qu'ils jugeront à propos; et sera le présent article exécuté à peine de nullité. »

L'art. 249 du Code de procédure civile renouvelle cette disposition pour le faux incident : « Aucune transaction sur la poursuite du faux incident (porte-t-il) ne pourra être exécutée si elle n'a été homologuée en justice, après avoir été communiquée au ministère public, qui pourra faire, à ce sujet, telles réquisitions qu'il jugera à propos. »

Au surplus, l'art. 2046 du Code civil dit en

termes généraux et indéfinis : « On peut transiger sur l'intérêt civil qui résulte d'un délit. La transaction n'empêche pas la poursuite du ministère public. » (V. ci-après, les art. 1 et 2, ch. 5.)

ART. X. *Si l'on peut transiger sur un délit quant à ce qui touche l'intérêt public.*

1. Nous venons de voir que l'on peut transiger sur un délit quant à ce qui touche les intérêts civils, et entre les parties privées.

Le peut-on sur ce qui touche l'intérêt public ? — Non, pas plus à présent qu'on ne le pouvait autrefois en France. Mais on le pouvait suivant les dispositions des lois romaines, sous certaines distinctions, dans les pays qui se régissaient par ces mêmes lois.

A l'égard des crimes publics, disent les législateurs romains, il faut distinguer s'ils sont de nature à mériter une peine capitale, ou non.

Parmi ceux de cette dernière espèce, il n'y a que le crime de faux qui soit susceptible de transaction ; si l'on transige sur d'autres, on est censé avouer, et il n'en faut point davantage pour être condamné à la peine infligée par la loi (loi 18, C. *de transact.*; loi dernière, D. *de prævaricationibus;* Basilicon, liv. 11, tit. 2, loi 35e; Voët, *ad pandectas*, liv. 2, tit. 15, n. 17).

Quant aux crimes capitaux, on ne s'expose à rien en transigeant sur l'*accusation* qui en est intentée ; mais les transactions sont défendues à l'égard de l'adultère (l. 18, C. *de transact.*; Voët, *loc. cit.*, n. 18).

Telles sont les dispositions du droit romain sur cette matière.

Mais dans nos mœurs on distingue, comme on l'a toujours fait, entre les transactions qui tombent sur le crime même, et celles qui concernent les dommages-intérêts de la partie civile. Nous avons traité assez au long ce dernier article; il ne s'agit ici que du premier.

Comme la vengeance publique est réservée chez nous aux officiers du ministère public, s'ils pouvaient concilier le droit de transiger sur les crimes avec les devoirs de leur état, eux seuls seraient fondés à exercer ce droit. Mais on sait qu'ils ne le peuvent pas, et il est étonnant qu'il ait fallu des règlemens pour le leur interdire.

Serpillon (Code criminel, p. 1113) cite à ce sujet l'ordonnance de 1335, celle de 1535, l'art. 2 de 1536, et un arrêt du parlement de Besançon, du 6 septembre 1718.

Jousse, dans son *Recueil chronologique*, tom. I, p. 136, rapporte un arrêt semblable, donné aux grands jours de Clermont, le 10 décembre 1665.

Voici comment il est conçu, art. 4 : « Sera informé de toutes les compositions faites par les juges ou seigneurs avec les accusés, et le procès fait et parfait suivant la rigueur des ordonnances; sauf, en jugeant le procès, d'ordonner ce qu'il appartiendra contre les seigneurs par l'autorité desquels lesdites compositions auraient été faites, même pour la privation de leur justice, s'il y échet.»

Nous avons vu dans l'article précédent qu'il en est autrement à raison des dommages-intérêts qui résultent des crimes.

Il y a même un cas, dans notre ancien droit, où une telle transaction (entre les parties civiles et l'accusé) arrêtait les poursuites du ministère public : c'est lorsque l'accusation porte sur un crime auquel la loi n'inflige pas de peine afflictive. « Enjoignons (porte l'art. 19 du tit. 25 de l'ordonnance de 1670) à nos procureurs et à ceux des seigneurs de poursuivre incessamment ceux qui seront prévenus de crimes capitaux, et auquels il écherra peine afflictive, nonobstant toutes transactions et cessions de droits faites par les parties; et à l'égard de toutes les autres, seront les transactions exécutées, sans que nos procureurs ou ceux des seigneurs puissent en faire aucune poursuite. »

Aujourd'hui il n'y a aucune exception : il faut suivre la règle générale tracée par l'art. 2046 du Code civil.

J'observerai seulement, que contre le vœu de nos lois criminelles, exprimé dans divers articles de nos codes, il est ordinaire, même d'usage, que la vindicte publique n'exerce son action que contre les justiciables de la cour d'assises, ou contre les grands crimes, et jamais en police correctionnelle, à moins que ce ne soit comme partie jointe sur la demande de la partie privée, agissant pour ses intérêts civils, ou que ce ne soit à suite d'un renvoi de la chambre des mises en accusation, à suite d'instruction, ou enfin lorsqu'il s'agit d'un délit attentatoire au droit public. Et cela, sans doute, pour épargner les frais considérables qu'il en couterait au gouvernement de poursuivre des délits qui ne sont que trop fréquens entre les particuliers, sans tirer, pour l'ordinaire, à de fort grandes conséquences, suivant l'esprit du gouvernement et de ses agens fidèles à suivre ses instructions particulières, quoiqu'il puisse souvent y avoir de grands dangers à suivre trop rigoureusement cette maxime. Mon sujet n'étant pas de traiter ici cette matière, je m'abstiens de plus rien dire sur ce point.

2. Le fermier des domaines de l'État pouvait autrefois transiger avec les notaires convaincus d'avoir faussement fait mention sur les expéditions des actes que les minutes avaient été contrôlées, sans être obligé de leur faire faire leur procès, s'il trouvait à propos de prendre une voie plutôt que l'autre, ce qui demeurait à son choix.

Une décision du conseil, du 25 avril 1739, avait adopté le premier de ces deux partis : et en effet, il n'y a point de raison solide pour distinguer, à cet égard, le fermier des droits du roi d'avec un simple particulier (V. ci-devant, ch. 2, art. 9 et 10).

Art. II. *Transactions sur les donations révoquées pour survenance d'enfans, ne pouvant avoir lieu de la part du donateur, sauf quelques exceptions.*

Il ne peut être transigé sur une donation *entre vifs* révoquée par survenance d'enfans ou descendans au donateur, de quelque valeur que cette donation puisse être, et à quelque titre qu'elle ait été faite, et encore qu'elle fût mutuelle ou rémunératoire; même celle qui aurait été faite en faveur de mariage par autres que les ascendans aux conjoints, ou par les conjoints l'un à l'autre, soit que l'enfant ou les enfans soient légitimes, soit qu'ils soient enfans naturels légitimés par mariage subséquent, conformément à l'art. 331 du Code civil, s'il est né depuis la donation; soit même d'un enfant posthume, pour maintenir ou faire revivre en tout ou en partie cette donation, même après la mort de l'enfant du donateur.

Ceci est la conséquence naturelle des art. 960, 964 et 965 du Code civil, dont voici la teneur :

Art. 960 : « Toute donation entre vifs, faite par personnes qui n'avaient point d'enfans ou de descendans actuellement vivans dans le temps de la donation, de quelque valeur que ces donations puissent être et à quelque titre qu'elles aient été faites, et encore qu'elles fussent mutuelles ou rémunératoires, même celles qui auraient été faites en faveur de mariage par autres que les ascendans aux conjoints, ou par les conjoints l'un à l'autre, demeureront révoquées *de plein droit* par la survenance d'un enfant légitime du donateur, même d'un posthume, ou par la légitimation d'un enfant naturel par mariage subséquent, s'il est né depuis la donation. »

Art. 964 : « Les donations ainsi révoquées ne pourront revivre ou avoir de nouveau leur effet, ni par la mort de l'enfant du donateur, *ni par aucun acte confirmatif;* et si le donateur veut donner les mêmes biens au même donataire, soit avant ou après la mort de l'enfant par la naissance duquel la donation avait été révoquée, il ne le pourra faire que par une nouvelle disposition. »

Art. 965 : « Toute clause ou convention par laquelle le donateur aura renoncé à la révocation de la donation pour survenance d'enfant sera regardée comme nulle. »

Ainsi l'on voit, d'après les dispositions de ces articles, que la donation, d'un côté, est révoquée, et qu'elle est révoquée *de plein droit*; de l'autre, qu'elle ne peut revivre ou avoir de nouveau son effet d'aucune manière, notamment *par aucun acte confirmatif*; de telle sorte que si le donateur veut donner les mêmes biens au même donataire, soit avant, soit après la mort de l'enfant par la naissance duquel la donation a été révoquée, il ne le peut faire que par une nouvelle disposition; enfin, la loi déclare *nulle* toute clause ou convention par laquelle le donateur aurait renoncé à la révocation de la donation pour survenance d'enfant. Par où l'on voit clairement que la loi s'oppose de toutes les manières, et par sa volonté la plus absolue, qu'on veuille ou qu'on ne veuille pas, à ce que la donation *entre vifs* subsiste dans le cas où il survient des enfans au donateur qui n'en avait point lorsqu'il l'a faite, et à ce qu'elle puisse revivre par aucun moyen.

Si donc la donation est *annullée de plein droit*, si on ne peut la faire revivre ou lui faire reprendre son effet par aucun moyen, *par aucun acte confirmatif*, il est bien évident qu'on ne le peut pas plus par une transaction, qui, par le fait, serait un acte confirmatif; puisque par cet acte on reconnaîtrait l'existence de la donation en la prenant pour base et pour fondement du traité ou de l'accord qu'on ferait par la transaction, et en lui faisant produire quelque effet, comme la nature de la transaction l'exige elle-même. Une pareille transaction serait évidemment un acte illusoire, qui ne reposerait sur rien et ne pouvant dès-lors produire aucun effet, *ex nihilo nihil*, pas plus que ne peut en produire la donation dont il s'agit, puisqu'elle est annullée de plein droit, qu'elle n'existe plus, et que ce qui est nul ne produit aucun effet, *quod nullum est nullum producit effectum*.

2. La transaction sur une telle donation ne serait pas plus valable, lors même que l'enfant du donateur ou de la donatrice serait conçu au temps

de la donation. C'est encore la conséquence de l'art. 961 du même Code, puisque cet article prononce la même révocation en pareil cas, et par conséquent les mêmes effets doivent s'ensuivre. Les raisons de la loi sont faciles à comprendre dans tous les cas. Mais comme ceci n'est pas un traité sur les donations, nous ne nous occupons pas de les présenter.

5. Mais il n'en est pas de même, comme l'on peut voir par la lecture de l'art. 960, des donations faites en faveur du mariage par les ascendans aux conjoints, ou par les conjoints l'un à l'autre, parce que la loi, non-seulement ne déclare pas ces donations révocables par survenance d'enfans, comme celles faites par toutes autres personnes, mais au contraire, elle les déclare valables par les termes dont elle s'exprime dans cet article 960, en disant que les donations entre vifs faites par personnes *autres que les ascendans aux conjoints*, *les conjoints l'un à l'autre*; mais l'art. 1096 du même Code réprouve cette révocation en propres termes, quant à ce qui regarde les époux qui se seraient fait donation entre eux pendant le mariage : après avoir déclaré que de telles donations sont toujours révocables, quoique qualifiées *entre vifs*, il ajoute : « Ces donations ne seront point révoquées par la survenance d'enfant. »

Ainsi donc ces donations n'étant point révocables par survenance d'enfans, et si elles le sont d'ailleurs, ne l'étant pas d'une manière absolue, il est incontestable, par la raison des contraires, que l'on peut transiger sur de pareilles donations si quelques cas se présentent de le faire.

4. Mais si le donateur ou la donatrice ne peuvent transiger eux-mêmes sur les donations qu'ils ont faites, et révoquées par survenance d'enfans, en est-il de même des enfans du donateur, en ce qui concerne les droits qu'ils ont après la mort de celui-ci à son hérédité? Ne pourraient-ils par transiger en vertu de l'art. 1340 du Code? Non; par la raison que la donation révoquée pour survenance d'enfans étant nulle de plein droit, elle est comme si elle n'avait jamais existé, et par conséquent elle ne peut produire aucun effet, ne pouvant servir de base ni ne fondement à rien: *ex nihilo nihil.* L'art. 1340 n'est applicable qu'aux donations qui ne sont pas nulles de plein droit, mais non pas à celles de cette dernière espèce, comme, par exemple, à celles qui sont révocables pour cause d'ingratitude, ou pour cause d'inexécution des conventions, comme à celles faites par les conjoints entre eux, suivant l'art. 1096 du Code, etc., soit dans le fond, soit dans la forme.

5. Si, lors de la donation, le donateur avait des enfans ou descendans actuellement vivans, la donation n'est point révoquée par la survenance d'autres enfans. C'est la conséquenee qu'on doit tirer de l'expression de l'art. 960, dont voici les termes: « Toute donation entre vifs faite par per-

sonnes *qui n'avaient point d'enfans ou descendans actuellement vivans dans le temps de la donation*, ce qui veut bien dire de la manière la moins douteuse, que s'il en avait au temps prescrit, la donation ne serait point révoquée par la survenance d'autres enfans ou descendans, par la règle des exclusions *qui de uno dicit de altero negat*, et *inclusio unius est exclusio alterius*.

Si donc la donation n'est pas révoquée par ce moyen, si elle subsiste et conserve sa force et sa valeur, la transaction peut encore avoir lieu dans ce cas-là de la part du donateur sur l'objet de cette donation, comme de la part de ses enfans, de ses héritiers ou ayant cause.

CHAPITRE IV.

CARACTÈRE DE LA TRANSACTION, ET SA FORMALITÉ.

SECTION Ire. *Caractère de la transaction.*

Tout acte quelconque prend ordinairement sa qualité de l'objet qui le constitue. Ainsi, on appelle *acte de vente*, l'acte qui renferme une vente; *acte de louage*, l'acte par lequel on donne et on prend à loyer; *acte d'échange* l'acte qui contient un échange; *acte de transaction* l'acte qui présentera une transaction, etc. Il est donc facile de reconnaître la nature d'un acte par les accords ou les conventions qu'ils contiennent et qui en font l'objet. La marque par où on peut le distinguer est ce qui fait son caractère. Or il n'est rien, ce me semble, de plus facile que de reconnaître la marque ou le caractère d'un acte; c'est de voir quel est l'objet que les parties se sont proposé en contractant, quel a été leur but, leur intention; pour cela il ne faut que lire. Il est vrai que toujours les actes ne sont pas rédigés dans un stile fort clair; qu'il s'en trouve souvent qui présentent un sens obscur, équivoque et ambigu de manière à vous laisser dans le doute et l'incertitude. Mais alors on a recours aux moyens ordinaires de l'interprétation.

D'après cet apperçu général, on peut facilement reconnaître le caractère de la transaction.

Le caractère d'une transaction se reconnaît donc dans tout acte qui a pour but, suivant les lois romaines et l'art. 2044 du Code civil, ci-devant cités, chap. Ier, *de terminer une contestation née, ou de prévenir une contestation à naître.*

Ainsi donc, toutes les fois qu'on rencontre dans un acte l'une de ces deux conditions, on doit le considérer, par cela seul, comme une transaction.

2. Ainsi donc encore, il n'est pas nécessaire pour qu'un acte ait le caractère et les effets

d'une transaction, que les parties lui en aient expressément donné le nom; parce que, suivant le proverbe trivial, le nom ne fait pas la chose. (V. ci-après art. 16, chap. 6.)

On peut voir à ce sujet, un arrêt de la Cour de cassation en date du 7 juillet 1812, rapporté par M. Merlin, dans son répertoire de jurisprudence, *v° transaction*, § 5, note (1), qui confirme cette vérité.

Section II. *Formalité de la transaction.*

La formalité d'un acte, de la transaction, par exemple, est la manière expresse, ordinaire de procéder en justice pour donner la sanction à l'acte.

Art. Ier. *S'il est nécessaire qu'une transaction soit homologuée par le juge saisi du procès qu'elle termine.*

Il n'est pas nécessaire qu'une transaction soit homologuée par le juge saisi du procès qu'elle termine, pas plus que celle faite pour prévenir une contestation à naître, sauf le petit nombre d'exceptions qu'on a rapportées ci-devant, chap. 2; et art. 9 du chap. précédent, *in fine*. La loi romaine 28, C. *de transactionib.*, déjà citée au chap. Ier, art. 1, décide assez clairement que, c'est inutile; et tel est et tel a été toujours notre usage.

Il a même été jugé par un arrêt du parlement de Paris, du 23 mai 1702, rapporté dans le recueil d'Augéard, qu'une transaction faite *sous le bon vouloir et le plaisir de la Cour*, était obligatoire avant l'homologation.

Le *journal du Palais*, t. 1, p. 353 de l'édition *in-folio*, fait aussi mention d'un arrêt du parlement de Provence, du 26 mars 1670, qui confirme une transaction par laquelle il était stipulé qu'elle serait homologuée en cour de Rome, quoique l'homologation ne s'en fût pas suivie, et qu'il fût question d'un bénéfice.

On trouve au même endroit un autre arrêt du 1er février 1673, qui juge absolument de même au sujet d'une transaction faite par l'abbé commendataire de S. Martin de Crouys en Provence, sur la propriété d'une seigneurie.

ART. II. *Si une transaction faite par les mandataires respectifs des parties auxquelles elles avaient donné le pouvoir de transiger* DE L'AVIS D'ARBITRES *nommés dans les procurations, doit être considérée telle et valable, ou comme sentence arbitrale.*

1. Nous avons vu plus haut, chap. 2 et 3, qu'on peut transiger par procureur fondé ou mandataire. Ce principe vrai en lui-même, a donné lieu, dans la pratique, à quelques difficultés qui se rapportent à la forme des transactions. (V. ci-devant, chap. 1er).

Voici une espèce qui nous est retracée par Dénisart :

La dame d'Audenfort s'étant pourvue par lettres de récision contre un acte passé en forme de transaction entre son fondé de procuration et celui du marquis de Beaufort, auxquels chacune des parties avait donné une procuration conçue dans les mêmes termes, et contenant pouvoir de transiger *de l'avis* de quatre arbitres nommés dans les procurations, a prétendu que quoiqu'on eût donné la forme de transaction à cet acte, il ne devait cependant être considéré que comme sentence arbitrale : elle en avait appelé sous cette dénomination ; mais parce que les procurations contenaient pouvoir de transiger, la dame d'Audenfort a été déclarée non-recevable en son appel, par arrêt rendu à la grand'chambre, au rapport de M. Titon, le lundi 1er septembre 1760.

Je trouve, pour ce qui me concerne, que dans cette espèce il a été fort bien jugé ; parce que, quoique les procurations nommassent des arbitres, ces arbitres, ne devaient être considérés que comme des *conseils* proprement dit, puisqu'ils n'avaient d'autre mandat dans la procuration donné à d'autres qu'à eux, que celui de donner leur *avis* sur la question de savoir si les deux procureurs fondés auxquels le pouvoir de transiger était donné dans leur procuration respective, transigeraient ou ne transigeraient pas, et sur quelles bâses ils feraient leur transaction. D'où suit que le mot d'*arbitres* était mal approprié dans cette circonstance aux vues des parties, et que celui de *conseils* est le véritable terme qu'il convient de lui substituer.

ART. III. *Quid* lorsque *les mêmes individus sont à la fois nommés arbitres et constitués procureurs ou mandataires pour transiger?*

Mais n'en doit-on pas dire autrement, lorsque *les mêmes individus* sont à la fois nommés arbitres et constitués procureurs ou mandataires pour transiger?

Non, malgré les quatre arrêts bien remarquables qui existent sur cette question; l'un, du parlement de Dijon; le second, du parlement d'Aix; les deux autres, du parlement de Douay.

Par le premier, rendu le 16 juillet 1669, il a été décidé qu'encore que, dans un compromis, il eut été dit que les arbitres dresseraient une transaction, et que les parties seraient tenues de la signer, à peine de tous dépens, dommages et intérêts, néanmoins il était libre à l'une des parties de ne pas signer après que l'autre l'avait fait, et que son refus ne l'exposait nullement à des dommages-intérêts.

Cet arrêt est rapporté par Raviot, sur Perrier, quest. 328, n. 13.

Par le second, du 1er juin 1683, rapporté dans le recueil de Boniface, tom. 4, liv. 8, tit. 4, chap. 3, il a été jugé que : « la stipulation pénale de se tenir à la *transaction* qui serait dressée par des avocats-*arbitres*, est nulle. »

Les deux autres arrêts ont été rendus dans l'espèce suivante :

Les sieurs Barbieux et Décamps, bourgeois de Saint-Amand, avaient entre eux cinq procès, dont l'un avait pour objet un saule; le second, une gageûre de douze francs; et les trois autres des réparations d'injures. Pour terminer amiablement des contestations aussi peu dignes de l'attention de la justice, ils ont passé devant notaires, le 26 mars 1776, un acte dont il ne sera pas inutile de rapporter ici les principales clauses.

Les parties reconnaissent, dans le préambule, que : « sur l'entremise de leurs amis communs, désirant terminer à l'amiable lesdits procès, éviter les frais ultérieurs, réaliser entre elles la paix, l'union et concorde que ces différentes contestations avaient banies de leurs familles respectives, et étouffer toutes les semences d'inimitié et tous germes de discussions, elles sont convenues et accordées d'y mettre fin *par la voie d'arbitrage et de transaction absolue et irrévocable* ». En conséquence : « croyant ne pouvoir mieux confier leurs intérêts qu'à messire Jean-Baptiste-Joseph Dupont, chevalier, ancien conseiller à la cour, et à maître Pierre-Ignace-Joseph Yolent, avocat à ladite cour, et conseiller pensionnaire de la ville de Douay, lesquels sont déjà instruits de leurs différends, elles les ont choisis pour *arbitres*, *amiables compositeurs et transacteurs*, les priant, *nommément en cette dernière qualité*, de terminer et transiger sur toutes leurs difficultés. » Les parties promettent ensuite « d'agréer, ratifier et confirmer, dès le moment de la passation de l'acte, tout ce qui sera par eux réglé et statué sur leurs différentes contestations, comme si elles-mêmes en personne, avaient transigé sur icelles ». Enfin elles consentent « que ladite *transaction* soit homologuée à frais communs, par les prévôt, échevins de Saint-Amand, pour sortir son plein et entier effet. »

Les sieurs Dupont et Yolent ont repondu aux vues des parties ; « et voulant, conformément à icelles, terminer tous leurs différends par la voie la plus sure et la plus irrévocable, ils ont, en leur dernière qualité qui leur était donnée, *transigé* au nom des parties, sur ces cinq procès. » Ce sont les termes de l'acte qu'ils ont fait entre eux, le 15 avril 1776.

Les sieurs Décamps mécontens de cette transaction, en ont interjeté appel, en la qualifiant de sentence arbitrale.

Les sieurs Barbieux ont soutenu qu'*appel n'échéait*, parce que l'acte n'était pas une sentence, mais une transaction, et qu'elle en avait tous les caractères.

Par arrêt du 27 mai 1778, la cour, fesant droit *entre les sieurs Décamps appelans de la sentence arbitrale sous le nom de transaction*, rendue par

Mes Dupont et Yolent, le 15 avril 1776, et les sieurs Barbieux, intimés, *a déclaré*, suivant ce, qu'il serait procédé au jugement de l'appel de la sentence dont il s'agit; et les a condamnés aux dépens. En conséquence, cinq arrêts, des 22, 24 et 25 juillet suivant ont fait droit sur les cinq procès, et ont confirmé les dispositions que la sentence arbitrale renfermait sur chacun.

Les sieurs Barbieux, dans l'espérance de faire crouler ces cinq arrêts, ont attaqué par la voie de révision, celui du 27 mai 1778. On a prétendu qu'ils n'y étaient pas recevables, parce qu'ils avaient exécuté cet arrêt purement et simplement, en instruisant et laissant juger sans protestation les cinq procès dont il s'agissait. Mais par arrêt du 15 mars 1779, cette fin de non-recevoir a été rejetée, et il a ordonné qu'il serait procédé au jugement de la révision.

On a donc révisé la question qui avait été jugée le 27 mai 1778; et par arrêt du 20 mars 1779, rendu au rapport de M. Vanrode, les chambres assemblées, il a été décidé qu'erreur n'était intervenue.

Voilà des arrêts qui paraissent fort extraordinaires. Mais comme l'observe fort bien M. Merlin, dans son répert., v° *transact.*, § 3, n° 3, cette jurisprudence est uniquement fondée sur l'étrange maxime reçue alors, qu'on ne pouvait pas renoncer à la faculté d'appeler d'une sentence arbitrale; et sur ce qu'on considérait en conséquence, qu'en pareil cas, l'intention des parties était de faire rendre un jugement arbitral, mais que la procuration pour transiger qu'elles donnaient aux arbitres n'était qu'une manière indirecte de renoncer à l'appel, et d'éluder par ce moyen, la prohibition.

Cette jurisprudence s'est écroulée dans le nouvel ordre judiciaire, avec sa base, renversée par l'art. 1010 du Code de procédure civile, portant que : « Les parties pourront, lors et depuis le compromis, renoncer à l'appel.... »

2. Dès lors, d'après notre nouveau droit, pour décider la question de savoir si les mandataires dans lesquels on a réuni les deux qualités d'*arbitres* et de *transacteurs*, c'est-à-dire, comme dans le cas qui nous occupe, à qui on a donné le pouvoir d'arbitrer et de transiger, il suffit de faire attention à la différence qu'il y a de l'un et de l'autre, de bien distinguer l'*arbitrage* de la *transaction*, et l'on verra que toute la difficulté disparaîtra, et que l'un peut avoir lieu en même temps que l'autre.

Pour bien faire commençons par définir les mots.

Qu'est-ce qu'un arbitre ? C'est celui que choisissent des parties qui sont en contestation sur leurs droits respectifs, pour terminer leurs différends. En droit c'est la définition ordinaire qu'on peut donner et qu'on donne en effet à ce mot. Mais dans le sens philosophique, ce mot veut dire aussi, la faculté de l'âme de se déterminer à une chose plutôt qu'à une autre; en disant l'*âme* on peut entendre l'*homme*. C'est aussi pourquoi, par le mot *arbitre*, on entend figurément, un maître absolu.

D'après cette double définition on voit que la fonction d'*un arbitre* nommé par les parties pour terminer leurs différends, est d'examiner le fonds de la contestation, de délibérer sur la décision qu'il doit prendre, et de se déterminer ensuite librement, suivant sa manière de voir et comme il le jugera à propos, en se conformant néanmoins, aux règles du droit.

Observons ici pour ne laisser rien à désirer, qu'en disant qu'il faut que l'arbitre *se conforme aux règles du droit* (suivant le vœu des lois de tous les temps), qu'il n'y a pas contradiction avec ce que nous avons dit dans la définition, que l'arbitre a la faculté de se déterminer à une chose plutôt qu'à une autre, ou qu'il est maître absolu; parce qu'on doit toujours supposer que l'homme honnête, l'homme de bien, doit toujours aussi diriger ses actions d'après les règles de l'équité et de la justice, sur lesquelles tout droit est fondé ou doit l'être.

Tels sont en général les droits et les devoirs d'un arbitre; il ne peut pas s'en écarter sans prévariquer dans l'exercice de ses fonctions.

3. Mais ces facultés peuvent être étendues par les parties elles-mêmes dans le compromis. Elles peuvent y ajouter celle : d'*amiable compositeur*.

Par amiable compositeur, on entend, dans l'acception la plus commune, celui qui accomode un différend par les voies de la douceur, à l'amiable, c'est-à-dire sans procès.

En droit Ferrière le définit : celui qui est élu par les parties pour terminer leur différend à l'amiable, selon l'équité, sans être tenu de garder exactement les formalités de justice, et la rigueur du droit.

Dans ce cas donc, c'est-à-dire, dans celui où à la qualité d'arbitre est ajoutée celle d'amiable compositeur, celui qu'on a revêtu de ce pouvoir, peut agir suivant son libre arbitre, sans être assujéti à aucune règle de droit positif, mais bien traiter l'affaire qui lui est commise, comme si c'était sa cause propre, et comme les parties, maîtresses de leur sort, de leurs biens et de leurs fortunes, peuvent en disposer elles-mêmes; c'est-à-dire, couper, trancher, tailler, faire des relâchemens et des concessions, suivant son bon plaisir; mais toujours pourtant, comme on doit naturellement l'entendre, avec des intentions pures, franches et loyales, exemptes de fraude et de dol.

4. Maintenant qu'on sait ce que c'est qu'un arbitre et l'étendue de ses fonctions; maintenant surtout qu'on sait aussi ce que c'est qu'un amiable-compositeur et l'étendue de ses pouvoirs, voyons ce que c'est qu'une *transaction*, et si l'on ne peut pas assimiler la qualité de *transacteur* à celle d'*amiable-compositeur;* après quoi nous tâcherons de

faire ressortir la différence qu'il y a de l'*arbitre-amiable-compositeur* d'avec la *transaction*.

La *transaction*, comme on le sait et qu'on l'a vu dans l'introduction, est un moyen légal de s'accorder à l'amiable pour terminer une contestation (ou un procès) née, ou de prévenir une contestation (ou un procès) à naître.

Il me semble qu'il y a assez de conformité entre cette définition et celle de l'*arbitre amiable compositeur*. Dans les deux cas on trouve le même moyen de mettre fin aux différends par les voies amiables, sans suivre les règles du droit et sans clameurs judiciaires.

5. Dès-lors il est parfaitement égal, selon moi, de dire dans le compromis qui nomme les arbitres, qu'on leur donne le pouvoir *de transiger*, ou celui *de prononcer comme amiables compositeurs* : de quelle manière qu'on s'exprime, le résultat sera toujours le même quant au fond.

6. Mais quant à la forme il y a une différence notable ; c'est que la décision rendue en forme de transaction obtient, entre les parties, l'autorité de la chose jugée en dernier ressort, de plein droit; tandis qu'en forme de jugement, la décision est sujette à l'appel, si la matière n'est pas du dernier ressort, ou si les parties n'ont renoncé expressément à l'appel, lors ou depuis le compromis.

Quant à la forme exécutoire, les mêmes formalités doivent être remplies dans l'un et l'autre cas, suivant qu'elles sont prescrites par la loi au titre des arbitrages, à moins que les arbitres, au nom de leurs commettans et suivant le pouvoir qui pourrait leur en être donné dans le compromis, ne fassent passer leur décision par acte authentique devant notaire, revêtu de la forme exécutoire.

7. Maintenant que nous sommes convaincus que transiger, ou prononcer comme amiables compositeurs est une même faculté donnée aux arbitres auxquels on l'attribue sous l'une ou l'autre expression, voyons s'il n'y a pas quelque différence entre *arbitrer* proprement dit, et *transiger*, lorsque ces deux qualités sont réunies, dans le compromis, aux arbitres ou à ceux élus par les parties pour terminer leurs différends.

La seule qu'il me semble y voir, c'est que (abstraction faite des mêmes effets qu'ils produisent au fond) l'*arbitrage* consiste à examiner le fond de l'affaire, le fond de la contestation, à rechercher les moyens de régler, d'accorder les parties, à décider et terminer leurs différends. La transaction, au contraire, dans ce cas, est la manière de constater cet accord et la fin des contestations. En un mot, le premier n'a absolument rapport qu'*au fond;* l'autre, indépendamment du même rapport au fond, a particulièrement rapport *à la forme*. Mais en tout cas, il y a toujours même lieu de décider.

Par exemple, je dirai à mon arbitre, comme

ma partie adverse le dira réciproquement au sien, ou comme nous le dirons en commun dans le même acte de compris : « Voyez cette contestation, ce différend ; examinez bien avec attention nos prétentions respectives, et, après un mur examen et de sérieuses réflexions, arrangez-nous et mettez fin à nos contestations suivant que votre sagesse vous le suggérera ; faites comme si c'était pour vous-même, de la manière et dans les formes que vous l'entendrez, soit *par forme de jugement*, soit *par forme de transaction*, approuvant d'hors et déjà, tout ce que vous ferez à cet égard »

Il me semble que cet exemple est bien propre à faire comprendre la différence que j'établis entre les mots *arbitrer* et *transiger*, qui se trouvent réunis dans le cas dont il est question; c'est-à-dire, qu'arbitrer simplement, n'a rapport absolument qu'au fond ; et que transiger a rapport au fond et à la forme tout à la fois. Car pour opérer cet accord, il faut d'abord examiner l'affaire, puis délibérer, ensuite prononcer et demeurer d'accord sur les conventions : voilà l'arbitrage. Cela fait, il s'agit de constater cet accord, cet arrangement. Pour cela il y a deux formes : forme de jugement ou de sentence arbitrale, et forme de transaction. Comme nous sommes autorisés, diront les arbitres, à suivre l'une ou l'autre forme, suivons la plus solide, celle de la transaction. Et voilà le vœu des parties rempli.

8. Ainsi donc, pour en finir sur cet article,

concluons qu'il est très-fort permis sous notre nouvelle législation, de réunir ces deux qualités aux arbitres; c'est-à-dire, de leur donner le pouvoir de transiger en même temps que celui d'arbitrer; et que la transaction faite par les arbitres en vertu du pouvoir qui leur en sera donné par le compromis, aura la même force et produira le même effet que si elle était faite par les parties elles-mêmes.

CHAPITRE V.

DES EFFETS DES TRANSACTIONS.

ART. Ier. *La transaction éteint ou prévient le différend, et tient lieu d'un jugement en dernier ressort.*

1. Le principal, ou plutôt l'unique effet d'une transaction, est qu'elle éteint à jamais le différend qu'on s'est proposé, en la faisant, de terminer ou de prévenir, et qu'elle tient lieu d'un jugement en dernier ressort, d'autant plus ferme que les parties y ont consenti, et que l'engagement qui délivre d'un procès, est tout favorable. *Non minorem auctoritatem transactionum, quàm rerum judicatorum esse recta ratione placuit* (l. 20, C. *de transact.*). Le Code civil, 2052, consacre le même principe. Il porte : « Les transactions ont,

entre les parties, l'autorité de la chose jugée en dernier ressort. » Elles ont même un avantage sur les jugemens rendus en dernier ressort : « Ceux-ci, dit M. de Catelan, liv. 5, ch. 46, souvent ne convainquent pas celui qui est condamné, de la justice de sa condamnation ; il n'en est pas de même de la transaction, qui est le fruit de la volonté respective de ceux qui l'ont souscrite. »

Art. II. *Ces dispositions sont restreintes aux objets qui y sont nommément compris.*

2. Mais plus une transaction a de force plus on doit être sévère à en restreindre les dispositions aux objets qui y sont compris nommément. C'est aussi ce que font toutes les lois.

La loi romaine 9, § 1, ff. *de transact.*, dit que toute transaction doit être bornée aux choses qui ont été exprimées dans l'accord des parties : « *Transactio quæcumque sit, de his tantum de quibus inter convenientes placuit, interposita creditur.* »

Ainsi, continue le même texte, § 3, le fils qui, étant déshérité par son père, n'est pas encore déterminé à intenter contre son testament la plainte d'inofficiosité, peut, sans risque traiter sur d'autres objets avec l'héritier institué ; et il n'aura point à craindre qu'on soutienne, sur ce fondement, qu'il a aussi transigé sur la validité des dispositions paternelles : « *Et qui non dùm certus ad se querelam contra patris testamentum pertinere, de aliis causis cum adversario pacto transigit, tantum in his inter-*

positum pactum nocebit, de quibus actum inter eos esse probatur. »

Le commencement de la même loi nous fournit un autre exemple de notre principe. Si un majeur, y est-il-dit, a transigé avec son tuteur sur le compte de sa portion des biens de son père, et qu'il succède ensuite à son frère à qui le même tuteur était comptable de l'autre portion, la transaction n'empêche pas que les mêmes contestations qu'elle a réglées pour une portion ne subsistent pour l'autre; et elle n'a, quant à celle-ci, aucun effet : « *Qui cum tutoribus suis de sola portione administratæ tutelæ suæ egerat et transegerat, adversùs easdem tutores ex personâ fratris sui qui heres extiterat agens, præscriptione factæ transactionis non submovetur.* »

3. Par la même raison, lorsque, dans une transaction, les parties renoncent à tous droits, actions ou prétentions, cette renonciation ne doit s'entendre que des droits relatifs à l'objet qui faisait la matière de la contestation. C'est ce que décide la loi 31, C. *de transact.* : « *Si de certâ re pacto transactionis interposito hoc interpositum erat, nihil ampliùs petit, etsi non additum fuerat eo nomine, de cæteris tamen quæstionibus integra manet quæstio.* »

Ainsi, après avoir demandé qu'un héritier fût condamné à me payer différentes sommes que je soutenais m'être dues par la succession, si je transige sur cette prétention, et qu'au moyen d'une somme que l'héritier me paie, je me désiste de ma demande et renonce à tous droits et actions, ma renonciation ne s'étendra point aux droits et actions que je puis avoir contre l'héritier pour raison de créances qui lui seraient personnelles.

Le Code civil renouvelle et confirme expressément toutes ces maximes.

« Art. 2048. Les transactions se renferment dans leur objet : la renonciation qui y est faite à tous droits, actions et prétentions ne s'entend que de ce qui est relatif au différend qui y a donné lieu. »

« Art. 2049. Les transactions ne règlent que les différends qui s'y trouvent compris, soit que les parties aient manifesté leur intention par des expressions spéciales ou générales, soit que l'on connaisse cette intention par une suite nécessaire de ce qui est exprimé. » (V. 1156, 1163 et 1175 d même Code.)

« Art. 2050. Si celui qui avait transigé sur un droit qu'il avait de son chef acquiert ensuite un droit semblable du chef d'une autre personne, il n'est point, quant au droit nouvellement acquis, lié par la transaction antérieure.

4. Au surplus, tous ces principes sont compris dans la règle générale commune à tous les contrats ou à toutes les conventions, exprimées dans l'art. 1163 du Code civil, conçu en ces termes :

« Quelques généraux que soient les termes dans lesquels une convention est conçue, elle ne comprend que les choses sur lesquelles il paraît que les parties se sont proposé de contracter. » (V. dans le même code, 1156 et 1175.) Et ce principe est basé lui-même sur les lois romaines : *iniquum est perimi pacto, id de quo cogitatum non docetur.* (l. *in fine*, D.; l. 5, *cod.*). *Transactum de quibus actum.* Et en particulier l'art. 2050 est basé sur la loi 9, D., *de transact.*, dont il n'est que la traduction : *transactio non corrigitur ad jus postea quæsitum licet simile sit.*

5. C'est d'après ces principes que doit se décider la question de savoir si les héritiers d'un blessé, qui est mort de ses blessures après avoir transigé sur les dommages-intérêts qu'il avait à prétendre, peuvent poursuivre le meurtrier, nonobstant cette transaction.

Serpillion, dans son *Code criminel*, p. 1111, décide qu'ils en ont le droit, et que la transaction du défunt ne peut pas leur être opposée comme fin de non-recevoir, parce qu'il l'a faite sur de simples blessures, et non sur un meurtre, *de vulnerato et non de occiso.* C'est aussi ce qu'ont jugé deux arrêts des 18 janvier 1631, et 21 décembre 1652. Le premier est porté au *Journal des audiences*, et le second, au *Supplément* du même recueil.

Art. III. *Entre qui la transaction fait-elle loi?*

Une transaction ne peut faire loi qu'entre ceux qui ont transigé; elle ne peut pas préjudicier aux droits de ceux qui n'y ont point été parties. *Imperatores Antoninus et Verus rescripserunt privatis pactionibus non dubium est, non lœdi jus cæterorum; quare transactione quœ inter hœredem et matrem defuncti facta est, neque testamentum rescissum videri posse, neque manumissis vel legatariis actiones suœ emptœ* (l. 3, *imperatores, in principio,* ff. *de transact.*).

Transactione matris filios ejus non posse fieri servos notissimi juris est (l. 26, C. *de transact.*).
(V. ci-devant, ch. 2, art. 8.)

Tout ceci, au reste est la conséquence de l'adage de droit applicable à tous les contrats : *res inter alios acta neque nocet neque prodest;* et de cette autre maxime : *non debet alio nocere quod inter alios actum est*, qui, comme on le voit, n'est que la répétition de la première en d'autres termes.

2. Le créancier qui transige avec la caution de son débiteur, peut la décharger seule; et alors il sera censé s'être réservé son action contre celui-ci. Mais si c'est avec le débiteur même qu'il a transigé, la transaction sera commune à la caution, parce que son obligation n'est qu'accessoire à celle du débiteur. *Si fidejussor conventus et condamnatus fuisset, mox rem transigit cum eo qui erat fidejussor condemnatus, an transactio valeat quœritur. Et puto valere, quasi omni causâ et adversùs reum, et adversùs fidejussorem dissoluta. Si tamen ipse fide-*

jussor condemnatus transegit, transactio non peremit rem judicatam (l. 7, § 1, ff. *de transact.*).

Ces principes sont consacrés dans plusieurs endroits du Code civil, notamment par l'art. 1287, dont voici la teneur : « La remise ou décharge conventionnelle accordée au débiteur principal libère les cautions ; celle accordée à la caution ne libère pas le débiteur principal ; celle accordée à l'une des cautions ne libère pas les autres. » (V. ci-devant l'*Introd.*; et art. 9, ch. 2).

Art. IV. *Si l'on peut ajouter à une transaction la stipulation d'une peine contre celui qui manquera de l'exécuter.*

1. On peut ajouter à une transaction la stipulation d'une peine contre celui qui manquera de l'exécuter. En ce cas l'inexécution des clauses de l'acte donne le droit d'exiger la peine convenue suivant les règles expliquées à la section 6 du titre des obligations. C'est aussi ce que décide la loi 27, C., et la loi 16, D. *de transactionib.*, dont voici le texte : *Promissis transactionis causâ non impletis, pœnam in stipulationem deductam, si contra factum fuerit, exigi posse constat.*

L'art. 2047 du Code civil dit également : « On peut ajouter à une transaction la stipulation d'une peine contre celui qui manquera de l'exécuter (V. la section 6, au titre des *Obligations* du Code civil).

Observons en passant que cet art. 204 paraît

frustratoire. Car on ne voit pas trop pourquoi une stipulation de cette nature ne serait pas permise dans une transaction, dès que le droit commun l'autorise dans tout autre genre d'obligation. Cet article n'est donc que l'exécution du droit commun, et comme tel *non indigebat speciali notá*. Tout ce qu'on peut dire pour le justifier, c'est qu'avant le Code, les lois qui régissaient cette matière ayant une disposition particulière à ce sujet, on aurait pu croire qu'en ne la renouvellant pas on avait voulu l'abroger, et mettre la transaction hors du droit commun, en s'appuyant de la maxime *quod lex tacuit noluit;* ce qui aurait pu fournir des alimens à la chicane. De plus, cet article 2047 est une exception au droit commun établi par l'art. 1229, en ce sens que cette peine imposée par la transaction est absolue, irrévocable et indépendante de toute autre condition, contrairement à l'article 1229, en vertu de l'effet que l'article 2052 du même Code accorde à la transaction.

2. On a cependant, anciennement, quelquefois prétendu que cette peine était purement comminatoire. On se fondait sur la jurisprudence de quelques parlemens qui réputaient effectivement telle la peine stipulée par les compromis.

3. Mais il y a une grande différence entre l'une et l'autre. Par le compromis on se donne des juges; par la transaction, on s'impose à soi-même la loi. Par le compromis on promet de s'en rapporter à ce qui sera décidé par une sentence ar-

bitrale; la transaction est un arrêt contre lequel il n'est pas permis de se pourvoir (Art. 2052 du Code civil).

4. Mais il en serait autrement si (dans l'ancien régime) il y avait eu des lettres de rescision prises contre la transaction, parce que si le juge entérinait les lettres, la transaction étant entièrement rescindée, la stipulation ne subsiste plus. Il en serait de même aujourd'hui comme autrefois en pareil cas.

Art. V. *Une somme promise par transaction, pour une réparation civile peut produire des intérêts quand ils sont stipulés en cas de retard à s'acquitter.*

Une somme promise par transaction pour une réparation civile peut produire des intérêts, quand il est stipulé que le débiteur les paiera, en cas de retard à s'acquitter.

Il y a dans le Journal du Palais un arrêt du 11 juin 1682 qui le juge ainsi; et aujourd'hui surtout, c'est sans aucune difficulté, puisque toutes nos lois autorisent l'intérêt de toutes les sommes qu'on est en demeure de payer à celui à qui on les doit, de quelque manière qu'on les doive (V. la loi du 2 octobre 1789; l'art. 1905 du Code civil qui a renouvelé la disposition de cette loi; l'art. 584, mais principalement, l'art. 1153 du même Code. Voyez aussi l'art. 57 du Code de procédure civile).

Par rapport à la question qui nous occupe, voici ce que porte l'art. 1153 : « Dans les obligations qui se bornent au paiement d'une certaine somme, les dommages et intérêts résultant du retard dans l'exécution (d'une convention) ne consistent jamais que dans la condamnation aux *intérêts* fixés par la loi, sauf les règles particulières au commerce et au cautionnement.

» Ces dommages et intérêts sont dus sans que le créancier soit tenu de justifier d'aucune perte.

» Ils ne sont dus que du jour de la demande. » (Par *demande*, on entend ici, *demande des intérêts*.)

Ainsi, quand une fois la somme stipulée est devenue exigible suivant la convention, les intérêts sont dus de droit du jour de la demande qui en a été faite en justice, sans même qu'il soit besoin d'en faire un article particulier de stipulation (V. 1154, Code civil; et 57, Code de proc.).

Art. VI. *Si la transaction sur la propriété d'un héritage donne lieu au droit proportionnel de l'enregistrement.*

1. La transaction sur la propriété d'un héritage ne donnait pas lieu autrefois, à l'ouverture du droit de quint, ou de lods et ventes; et aujourd'hui ils ne doivent qu'un droit fixe de 3 francs à l'enregistrement, suivant l'art. 44 de la loi du 28 avril 1816, conforme d'ailleurs pour le surplus, à la loi du 22 frimaire an VII, art. 68, § 1,

n. 45. Cet article porte : « Les transactions, en quelque matière que ce soit, qui ne contiennent aucune stipulation de somme et valeurs, ni dispositions soumises à un plus fort droit d'enregistrement, sont soumises au droit fixe de 3 francs.

La raison qu'on donnait autrefois pour décider ainsi sur cette question, et qui doit servir pour le régime actuel, était basée sur ce dilemme : Ou l'héritage est abandonné à celui qui en était déjà en possession, et comme alors il n'y a point de mutation, nul doute qu'il n'est rien dû au seigneur ; ou le possesseur restitue l'héritage à la partie avec laquelle il transige, en reconnaissant qu'il en est le véritable propriétaire ; et comme cette restitution ne transfère pas à celle ci le domaine d'une chose qui est reconnue lui avoir précédemment appartenu, nul doute encore que le seigneur ne peut exiger aucun droit, quand même cette transaction serait faite moyennant quelque somme d'argent, à moins qu'on ne prouvât que c'est réellement une vente que les parties ont faite sous le nom de transaction.

Telles étaient là-dessus, comme elles le sont encore aujourd'hui, les véritables maximes : elles sont enseignées, par Dumoulin, sur la coutume de Paris, art. 22, n°s 66 et 67, par d'Argentrée, *de laudimiis*, § 55; par Dunot, *de la main-morte*, ch. 5; par Raviot, sur Perrier, quest. 20 et 124; et par une infinité d'autres auteurs.

2. Il y avait cependant des coutumes qui en dis-

posaient autrement : celle de Hainaut, ch. 104, art. 15, porte que : « Si deux contendans pour la propriété d'un fief, font entre eux une transaction en vertu de laquelle celui à qui le fief demeure, est tenu de donner à sa partie une certaine somme par forme d'indemnité, le seigneur peut prétendre son quint sur cette somme. »

On peut voir que cette dernière pratique est très-mal fondée. Car de ce que celui à qui l'héritage (ou le fief) reste donne à l'autre une certaine somme, il ne s'ensuit pas que ce soit le prix d'une vente déguisée ; mais il est plus raisonnable, il est même plus sage dans l'intérêt des transactions, qui sont infiniment favorables pour tout le monde, si ce n'est pour le fisc tout seul, de penser que c'est au contraire pour amener à mettre fin à toutes contestations, et entretenir la paix et la concorde entre les citoyens.

3. Mais si, par la transaction, l'une des parties abandonnait à l'autre un objet non litigieux pour l'indemniser du sacrifice de ses prétentions sur les choses en litige, l'abandon de cet objet constituerait une mutation de propriété qui donnerait nécessairement ouverture à un droit proportionnel d'enregistrement. C'est ce qu'a jugé un arrêt de la cour de cassation du 11 avril 1808, qu'on trouve dans le Bulletin civil de cette cour.

Voici l'espèce et le dispositif de cet arrêt :

« Le 24 messidor an x, contrat de mariage entre le sieur Collart et la demoiselle Toisoul : *les époux apportent en subside de mariage, tous leurs biens meubles et immeubles... l'époux survivant, s'il n'y a pas d'enfans, jouira de l'usufruit des biens du prédécédé ; à la mort du survivant, les biens passeront, savoir ceux du mari, à ses parens, et ceux de l'épouse, à Marie-Agnès Toisoul, femme Oudot, ou à ses enfans, dans le cas où ladite femme Oudot viendrait à décéder avant les époux.*

» Les contractans s'interdisent la faculté de révoquer, en tout ou en partie leurs conventions, soit par testament ou autrement.

» Le 14 fructidor an x, ils se font donation réciproque de tous leurs biens meubles et immeubles, déclarant nuls tous actes antérieurs, notamment les conventions contraires à cette donation et contenues dans leur contrat de mariage.

» Le 9 prairial an XII, jugement du tribunal de Dinant qui maintient la dame Oudot dans la propriété de tous les biens de sa sœur, à la charge de l'usufruit au mari pendant sa vie, conformément au contrat de mariage du 24 messidor an x.

» Sur l'appel, les parties se rapprochent ; et le 7 ventôse an XII, transaction par laquelle Collart consent que la dame Oudot reste absolue propriétaire et maîtresse de moitié par indivis de chacun des biens qui sont désignés. La dame Oudot renonce à ses droits et prétentions sur les autres biens. Par une dernière clause, les frais d'enregistrement et de transaction sont mis à la charge de Collart.

» La régie a pensé que cet acte opérait une mutation de propriété et d'usufruit de la moitié des biens composant la succession de la dame Collart, soit en faveur de son mari, soit en faveur de sa sœur, puisque l'un et l'autre réclamait la totalité de cette succession en vertu de titres différens. En conséquence elle a décerné contre Collart, une contrainte de 5,600 francs.

» Le 9 avril 1806, jugement du tribunal civil de Namur, qui décharge Collart de la contrainte décernée contre lui, sur le fondement que l'appel du jugement du 14 fructidor an XII, en avait suspendu les effets et avait laissé les choses dans l'incertitude où elles étaient avant ce jugement; et que par la transaction, la question sur la propriété des biens qui faisaient l'objet de la contestation n'était pas moins restée incertaine, puisqu'il était toujours incertain de savoir si Collart était fondé pour le tout; qu'ainsi il ne pouvait y avoir de mutation de propriété pour la moitié abandonnée par ladite transaction. »

La cour de cassation a vu avec raison, une violation de l'art. 4 de la loi du 22 frimaire an VII. Voici son arrêt :

« Ouï le rapport de M. Vallée, l'un des juges...; vu l'art. 4 de la loi du 22 frimaire an VII; attendu que s'il pouvait exister quelque incertitude résultant du choc du contrat de mariage des époux Collart, et de la donation réciproque qu'ils se sont faite ensuite, de tous leurs biens, du moins il n'en peut exister quant à l'*usufruit* qui lui appartenait; qu'il y a donc à cet égard, une mutation à raison de laquelle il est dû un droit conformément à l'article ci-dessus transcrit; que, suivant la transaction, le défendeur est tenu de payer les droits d'enregistrement qu'elle entraînerait; qu'ainsi, en déclarant indéfiniment la régie non-recevable et mal fondée dans sa demande, le jugement attaqué a violé l'article de la loi ci-dessus indiquée; la cour casse et annulle... »

En effet il fallait distinguer, comme la cour de cassation l'a fait, la propriété de l'usufruit. Quant à l'usufruit, il n'y avait pas de contestation; il n'y en avait qu'à raison de la propriété. En faisant donc abandon de la moitié de l'usufruit, il y a bien réellement à cet égard mutation de propriété, et par conséquent violation de la loi en cette partie.

ART. VII. *Si la transaction passée entre une partie civile et un prévenu de crime ou délit fait obstacle à ce qu'en déchargeant le prévenu des poursuites du ministère public les juges condamnent la partie civile aux frais de la procédure envers le trésor public.*

La transaction passée entre une partie civile et un prévenu de crime ou délit ne fait point obstacle à ce qu'en déchargeant le prévenu des poursuites du ministère public, les juges condamnent la partie civile aux frais de la procédure envers le trésor public.

En matière de délit, le désistement de la partie civile n'empêche pas que le procureur du roi ne puisse poursuivre le coupable pour la vindicte publique, lorsque le crime mérite une peine afflictive; mais s'il n'était question que d'un délit, tel qu'une injure légère, le procureur du roi, sous l'ancien régime ne pouvait plus poursuivre l'offenseur après le désistement de l'offensé. Boniface rapporte un arrêt du 23 avril 1678 qui l'a ainsi jugé. C'est d'ailleurs ce qui résulte de l'art. 19 du titre 25 de l'ordonnance criminelle du mois d'août 1670. Il en est autrement aujourd'hui. L'action publique, en matière criminelle, correctionnelle ou de police, a lieu dans tous les cas, parce que suivant l'art. 4 du Code des délits et des peines du 3 brumaire an IV, *tout délit donne essentiellement lieu à l'action publique*.

Voilà pourquoi une fois que la partie civile a provoqué l'action du ministère public par sa plainte ou son action particulière en réparation de dommages ou pour ses intérêts privés, elle ne peut plus se soustraire à la condamnation des frais de la procédure, à moins que, suivant les art. 92 et 96 du Code des délits et des peines du 3 brumaire an IV, dont la disposition est renouvellée par l'art. 66 du Code d'instruction criminelle de 1808, elle ne se désiste de sa plainte ou de ses poursuites dans les vingt-quatre heures à compter du moment où elle a rendu cette plainte ou introduit l'instance.

Il ne faut pourtant pas conclure de là que la partie civile qui ne s'est désistée de sa plainte qu'après ce délai de vingt-quatre heures, ou dans une autre forme, conserve à tous égards sa qualité de partie civile. Non : elle la conserve en ce sens qu'elle demeure passible des frais de la procédure; mais elle ne la conserve pas à l'effet de pouvoir, en cas de condamnation de l'accusé, obtenir contre lui des dommages-intérêts.

Cependant, malgré ce que nous venons de dire, le tribunal correctionnel du chef-lieu du département de Tarn-et-Garonne en avait jugé autrement le 30 décembre 1812, en faveur de Jean Marty, qui, pendant l'appel interjeté par Jean-Baptiste Coste, d'un jugement du tribunal correctionnel de Moissac, rendu dans une affaire où il agissait contre celui-ci comme partie civile, s'était désisté, par une transaction, de toutes ses demandes en dommages et intérêts. Mais le procureur impérial s'étant pourvu en cassation, arrêt est intervenu, le 5 février 1813, au rapport de M. Oudart, par lequel, « vu les art. 66 et 182 du Code d'instruction criminelle, et l'art. 157 du décret impérial du 18 juin 1811; attendu que Jean Marty s'était constitué partie civile en faisant citer Jean-Baptiste Coste et sa femme devant le tribunal correctionnel de l'arrondissement de Moissac, suivant les art. 66 et 182 du Code d'instruction criminelle, et en concluant contre eux à 9,000 francs de dommages-intérêts et à d'autres réparations civiles ; que c'est par le fait même de Marty, par la suite nécessaire de l'action civile intentée par lui, qu'il y a eu dans la cause jugement en première instance, appel à la requête de Coste condamné, citation sur cet appel à la requête du ministère public, et jugement en dernier ressort ; que la transaction des parties civiles, sur leurs intérêts n'avait pas été notifiée au ministère public ; qu'elle n'a été exhibée qu'à l'audience en cause d'appel ; et qu'enfin elle ne pouvait faire obstacle à l'exercice de l'action publique provoquée par la citation et les conclusions à fin civile de Marty ; d'où il suit que le tribunal du chef-lieu du département de Tarn-et-Garonne, en refusant de condamner Jean Marty, partie civile, et dont il rejette les demandes, a violé les lois citées ci-dessus ; par ces motifs, la cour casse et annulle... »

La nouvelle loi sur la modification du Code d'instruction criminelle et du Code pénal, en date du 28 avril 1832, paraît confirmer cette décision, en disant, art. 8 : « .... Dans les affaires soumises au jury, la partie civile qui n'aura pas succombé ne sera jamais tenue des frais... »

D'après les termes de cette loi on peut judicieusement induire que lorsque la partie civile a traduit elle-même un prévenu de délit, ou provoqué l'action du ministère public d'une manière quelconque, si l'individu poursuivi est déchargé du fait de la poursuite, de quelque manière qu'il le soit, la partie civile est censée avoir succombé dans sa plainte ou dans son action à l'égard du trésor public, puisque la fin qu'elle se proposait d'abord, qui était de faire condamner et punir le prévenu, n'a pas eu de réalité, et par conséquent elle doit être, dans ce cas, condamnée envers le trésor public, aux frais qu'elle l'a mis à même d'exposer par suite de sa provocation à poursuivre.

CHAPITRE VI.

DE LA RESCISION OU ANNULLATION DES TRANSACTIONS.

Section Ire.

Chacun doit remplir les obligations auxquelles il s'est soumis volontairement; il n'est permis à personne de s'en dégager. Telle est la loi générale : *nemini licèt adversùs sua pacta venire;* mais il faut que la volonté des contractans n'ait point été surprise (*nemini licet...*), *et contrahentis decipere.* Ce sont les termes de la loi pénultième, C. *de pactis.*

§ Ier. *Du dol.*

Le dol et la surprise forment donc une exception favorable pour celui qui en est la victime. Cette exception, dit Cujat vient au secours du droit civil; elle en supplée les lacunes, elle en corrige les rigueurs : *exceptio doli subsidio est juri civili deficienti aut repugnanti;* elle peut être opposée dans tous les cas, dans les contrats, dans les quasi-contrats, et même dans les jugemens; c'est une défense fondée sur l'équité naturelle pour se soustraire à des obligations dans lesquelles on ne se trouve engagé que par les ruses et l'artifice de ceux qui avaient intérêt de nous les imposer : *Exceptio doli generalis est, quæ datur ubicunque æquitas defensionis id exigit, accomodaturque omnibus negotiis, omnibus judiciis : per exceptionem doli inducitur retractatio rei judicatæ.* Cette doctrine est de tous les temps et de tous les lieux; et elle s'applique à tous les actes, de quelque espèce qu'ils soient.

L'art. 1109 du Code civil dit, en thèse générale : « Il n'y a point de consentement valable si le consentement n'a été donné que par erreur, ou s'il a été extorqué par violence ou *surpris par dol* (V. 400 et 423 du Code pénal).

Cette disposition est renouvelée en divers endroits du Code, suivant les occasions qui se présentent.

Ainsi, quand les lois ne diraient pas que l'exception du dol est admise contre les transactions, les principes et la raison suppléeraient suffisamment à leur silence. Mais elles n'ont eu garde d'omettre un objet aussi important.

La loi 19 c., *de transact.*, décide que si j'ai abandonné par transaction un droit que je ne pouvais pas soutenir, faute d'un titre retenu par ma partie, je rentrerai par la suite, dans mon droit, si le titre vient à paraître. « *Si per se vel per alium subbractis instrumentis, quibus veritas argui potuit decisionem litis extorsisse probetur, si quidem actio superest, replicationis auxilio doli mali, pacti exceptio removetur.* » La loi 9, § 2, *de transactionibus*, porte qu'il en serait de même d'un héritier qui aurait transigé avec son cohéritier, dont le dol lui aurait ôté la connaissance de l'état des biens. *Qui per fallaciam coheredis, ignorans universa quæ in vero erant instrumentum transactionis, sine aquilianâ stipulatione interposuit, non tàm pasciscitur quàm decipitur.* (V. L. 65, § 1, ff. *de cond. ind.*).

L'ordonnance de Charles IX, du mois d'avril 1560, déclare pareillement que les transactions auxquelles le *dol* ou la *force* ont donné l'être sont rescisibles.

C'est sur cette maxime que sont fondés les arrêts rapportés ci-devant, chap. 3, art. 1, sur la question de savoir si l'on est obligé d'entretenir une transaction à laquelle on a été engagé par la partie adverse qui avait connaissance du jugement rendu à son désavantage.

« Une transaction peut être rescindée dans tous les cas où il y a dol ou violence. » Ce sont les termes de l'art. 2053 du Code civil.

SECTION II. *De l'erreur.*

Ce que nous disons du dol s'applique à la simple erreur, mais sous la distinction et les différences que nous allons établir.

§ Ier. *De l'erreur de droit.*

1. L'erreur de droit ne peut jamais servir de prétexte pour faire rescinder une transaction. Les anciennes lois l'avaient ainsi décidé, et l'art. 2052 du Code civil dit expressément que : « Les transactions..... ne peuvent être attaquées pour cause d'erreur de droit. »

2. Si cependant l'erreur de droit avait été tellement générale que le législateur se fût cru obligé, non-seulement de le faire cesser par une déclaration de sa volonté, mais encore de relever ceux qui l'auraient commise, de tous les acquiecemens auxquels elle aurait pu les entraîner, la transaction qui aurait été la suite d'une pareille erreur, serait nulle. C'est ce qu'a jugé un arrêt de la Cour de cassation du 24 mars 1807. Il est rapporté au répertoire de jurisprudence, au mot *communaux*, § 4 (V. ci-après, § 2, art. 3).

§ II. *De l'erreur de fait.*

ART. Ier. *Il est des cas où l'erreur de fait peut servir de fondement à la rescision d'une transaction.*

1. Quand à l'erreur de fait, il est des cas où

elle peut servir de fondement à la rescision d'une transaction.

Par exemple (d'après l'ancien droit), nous avons établi, ci-devant, chap. 3, art. 5, qu'une transaction faite sur les dispositions d'un testament qu'on n'a point vu, est sujette à rescision.

NOTA. Nous avons remarqué au même endroit, que le Code civil déroge, en ce point, aux lois romaines. La règle que ces lois avaient établies, ne peut plus avoir lieu que dans le cas prévu par l'art. 2057 du Code.

2. Il en serait de même de celle qui aurait pour base des pièces fausses qu'on aurait considérées comme vraies. Mais, dans ce cas, il n'y a de nuls que les articles de l'acte qui ont eu ces pièces pour fondement. S'il s'y trouve d'autre chefs qui en soient indépendans, ils subsistent; en un mot, la transaction ne doit subir d'autres changemens que ceux auxquels oblige la découverte de la vérité que les pièces fausses tenaient cachées. C'est ce que porte la loi pénultième, C. *de transactionibus : Si de falsis instrumentis transactiones vel pactiones initæ fuerint, quamvis jusjurandum de his interpositum sit, etiam civiliter, falso revelato, eas retractari præcipimur : ita demùm ut si de pluribus causis vel capitulis eædem pactiones seu transactiones initæ fuerint, illa tantummodò causa vel pars retractetur, quæ ex falso instrumento composita convicta fuerit, aliis capitulis firmis manentibus.*

3. L'art. 2055 du Code civil porte : « La trans-

action faite sur pièces qui depuis ont été reconnues fausses, est *entièrement* nulle. »

Cette disposition, comme le dit M. Merlin, paraît plus conforme aux principes. En effet, la présomption est, et une présomption majeure, que les parties, en contractant, n'ont voulu faire une chose qu'à condition qu'une autre convenue dans le même acte, quoiqu'indépendante l'une de l'autre, aurait lieu; en sorte qu'il pourrait en résulter, en suivant la loi romaine, que la partie qui a transigé sur un acte faux qu'elle croyait sincère, serait obligée d'exécuter des conventions qu'elle n'aurait faites qu'en considération d'autres qui se trouveraient consignées dans le même acte de transaction, quoique distinctes et séparées.

Voici au surplus, comment s'explique à ce sujet Julien, dans son commentaire sur les statuts de Provence, tom. 2, pages 211, 212 et 213 : « Si » l'on avait transigé sur divers chefs indépendans » les uns des autres, et accordés sans aucune re- » lation des uns aux autres, l'acte étant annullé » et rescindé dans un chef ne le serait point dans » les autres, suivant la loi 42, C. *de transact.* . . » Mais on doit présumer, quand le contraire ne » paraît pas, que tous les chefs d'un même acte, » d'une même transaction, quoique distincts, ont » été accordés les uns en considération des autres; » de manière que si l'une des parties fait prononcer » nullité de l'acte dans un chef, l'autre partie » aura le droit de le faire rejeter dans tous les

» autres. Nous tenons pour maxime que *tous* » *les pactes d'un même contrat sont censés corrélatifs* » *et accordés les uns en considération des autres.* » Grotius, *de jure belli et pacis*, liv. 3, chap. 19, » n° 14, observe que tous les articles d'un même » contrat sont censés être les uns dans les autres » par manière de condition, comme si l'on avait » dit expressément : je ferai ceci, si vous faites » cela : *uniùs ejusdemque contractus capita sin-* » *gula alia aliis inesse videntur per modum condi-* » *tionis, quasi expressum esset, hœc ità faciam, si* » *et alter faciat quæ promisit.* D'Argentrée, sur la » coutume de Bretagne, art. 453, g[1] 2, dit qu'il » faut exécuter tous les autres pactes d'un con- » trat, et en subir toutes les conditions, ou le » rejeter en entier : *omnia pacta apposita sumenda* » *et ferenda sunt, aut ex toto recusanda conditio* » *contractûs*.... Il en est autrement d'un jugement » rendu en contradictoires défenses. Les divers » chefs qu'il contient, sont autant de jugemens » différens et indépendans les uns des autres : *tot* » *capita, tot sententiæ.* Sur ce fondement on juge » que la requête civile étant impétrée et ouverte » envers un chef d'un arrêt, les autres chefs qui » en sont indépendans, subsistent. Les arrêts » rapportés dans le recueil de Boniface, tom. Ier, » liv. 7, tit. 6, chap. 2 ; et tom. 3, liv. 3, tit. 4, » chap. Ier, l'ont ainsi jugé. Il y a un arrêt sem- » blable du parlement de Paris, du 31 juillet 1685, » rapporté dans le *Journal du palais*. Et c'est ainsi

» que le parlement d'Aix le jugea par arrêt du 22 » décembre 1738, en faveur de l'acteur de l'uni- » versité d'Aix, pour qui je plaidais. »

C'est donc, comme l'on voit, sur les principes développés par cet auteur que paraît être calqué notre art. 2055 (V. l'art. 249 du Code de procédure civile, ci-devant rapporté, ch. 3, art. 9, n° 4).

ART. II. *Si lorsque les chefs ou quelques chefs du même acte sont indépendans les uns des autres, ni ne sont point accordés en considération les uns des autres, la transaction est entièrement nulle, ou si elle ne l'est que pour le chef seulement vicié d'annullation ou de rescision.*

1. Nous venons de voir que d'après les principes suivis autrefois, retracés par Julien, et que notre nouvelle législation semble avoir adoptés par l'art. 2055, que *s'il paraissait* que les chefs ou quelques chefs d'un même acte, d'une même transaction fussent distincts ou indépendans les uns des autres, de manière qu'ils ne fussent pas accordés les uns en considération des autres, l'acte ou la transaction n'était annulée et rescindée que pour le chef seulement qui portait le vice d'annullation ou de rescision, et que les autres étaient maintenus.

Je demande maintenant, si sous notre nouveau régime basé sur l'article 2055, il en serait de même?

Je réponds : Oui, si la volonté des parties paraît tellement exprimée dans l'acte, qu'on n'en puisse pas faire le moindre doute ; parce qu'il est permis à chacun de déroger au droit introduit pour son propre avantage, *beneficium non confertur invito ;* et *juri pro se introducto quilibet renonciare potest*, tant que l'intérêt public et les mœurs n'en souffrent pas. Et dans ce cas, c'est en quelque sorte, comme si l'on avait fait deux actes particuliers ; assurément alors celui qui ne renfermerait pas de vices sortirait son plein et entier effet, tandis que l'autre serait anéanti, pourvu toutes fois encore, qu'il n'apparût point que l'un fût la condition de l'autre.

2. Au surplus, on ne doit pas confondre la transaction qui peut avoir été passée sur le fondement de pièces fausses avec celle qui peut l'avoir été sur le fondement de pièces dont la fausseté a été reconnue de l'une des parties. Dans le premier cas, il n'y a point lieu à réclamation, parce que si toutes les parties connaissaient la fausseté des pièces, elles n'ont été ni trompées ni induites en erreur. Au contraire, dans le second cas la transaction peut être attaquée et renversée, parce que les parties n'ont consenti à transiger que dans l'opinion où elles étaient que les pièces étaient sincères, erreur manifeste et constitutive d'un vice qui s'oppose à la validité de la transaction ; car ce serait un acte sans consentement de la part de toutes les parties.

ART. III. *Si la transaction est rescisible lorsqu'elle a été faite sur un titre nul sans que les parties aient expressément traité sur la nullité; et si l'art. 2054 du Code civil est applicable même au cas ou le titre a été supposé valable par une erreur* DE DROIT.

« Il y a également lieu (dit l'art. 2054) à l'action en rescision contre une transaction lorsqu'elle a été faite en exécution d'un titre nul, à moins que les parties n'aient expressément traité sur la nullité. »

Cet article est applicable au cas où le titre sur l'exécution duquel il a été transigé, n'était supposé valable que par une erreur *de droit*, comme au cas où ce titre était supposé valable par une erreur de fait, mais sous une certaine modification que nous ferons connaître.

Il semble au premier abord que cette assertion soit une hérésie en droit, quand on connaît l'article 2052 du même Code, qui dit que : « les transactions... ne peuvent être attaquées pour cause d'erreur *de droit*....... » C'est pourtant une vérité fondée sur la plus grande justice et la plus saine raison, et qui se démontre sans contrevenir à ce dernier article.

Pour le sentir il suffit de discerner deux points de vue sous lesquels il faut considérer l'erreur de droit en matière de transaction.

Le premier point de vue est celui où l'on ne

fait que méconnaître seulement l'avantage qu'on pourrait tirer d'un point de droit en transigeant sur le différend qu'on a terminé ou prévenu par la transaction fondée sur un titre valable : et c'est l'objet de l'art. 2052.

L'autre point de vue est celui dont l'erreur de droit tombe seulement sur l'exécution d'un titre nul, que dans la discussion de laquelle, on avait, par suite de cette erreur, supposé valable : celui-ci est l'objet de l'art. 2054.

Par où l'on voit que ces deux articles qui paraissent si difficiles à concilier, sont en parfaite harmonie au moyen de cette distinction.

Ainsi, ceux-là se trompent qui prétendent que l'art. 2054 n'est applicable qu'au cas où le titre en exécution duquel on a transigé, a été supposé valable par une erreur de fait; et qu'il ne l'est nullement au cas où il a été supposé valable par une erreur *de droit*.

Il y a pour cette dernière opinion un arrêt de la Cour de Grenoble, confirmé par arrêt de *rejet* de la Cour de cassation, en date du 25 mars 1807; un autre de la Cour de Montpellier du 16 mars 1812; mais nous verrons dans la suite quel a été le sort de celui-ci ayant été déféré à la Cour suprême; enfin un autre arrêt de *rejet* du 3 décembre 1813.

Comme les cours et les tribunaux ne sont pas plus exempts de se tromper que les simples particuliers, ainsi que cela s'est vu et se voit assez souvent, qu'ils se réforment souvent eux-mêmes en jugeant différemment dans les mêmes cas qui se présentent par la suite à leur décision, nous ne devons pas moins jeter au creuset d'un examen sévère cette distinction, puisque c'est par le choc de la discussion que la lumière jaillit, et que souvent les raisons d'un seul individu, peut ramener tous les autres à son opinion.

Ces diverses Cours dont nous venons de parler, et ceux qui suivent leurs maximes, fondent cette opinion sur un ancien principe fort respectable, sans doute, qui est encore suivi dans le droit commun (art. 1235 du Code civil), celui des obligations imparfaites, ou qui consistent à remplir un devoir naturel. Alors, disent-ils, le contrat ne pourrait être annulé, parce qu'il deviendrait impossible de prouver qu'il n'a d'autre fondement que l'erreur de droit. On cite cet exemple : « Mon père vous avait légué la moitié de ses biens par un testament passé par devant un seul notaire, accompagné de deux témoins au lieu de quatre. Persuadé par ignorance de droit, que le testament était valide, je partage la succession et je vous en délivre la moitié. Après avoir découvert mon erreur, je ne puis revenir contre ce partage, en alléguant que je me suis trompé dans la délivrance que je vous ai faite, et qu'elle n'a eu pour cause que l'erreur où j'étais sur la validité du testament. Cette allégation ne peut être admise parce qu'il est impossible de la prouver; car j'ai pu avoir la volonté d'exécuter le testament de mon père, quoique nul, par respect pour sa mémoire. Il y avait en cela une obligation naturelle, quoiqu'imparfaite : la délivrance du legs ou le partage des biens peut donc avoir eu deux causes ou deux motifs; l'une, l'erreur où j'étais sur la validité du testament; l'autre, l'intention de remplir un devoir de piété, en exécutant les dernières volontés du défunt. Dans ce doute, je suis présumé m'être déterminé par ce dernier motif : *in dubio error nocet erranti.* » Et Paillet qui produit cet exemple appuyé par Vinnius (quest. juris., lib. 1, cap. 47), sur l'art. 1110 du Code civil, cite l'arrêt de rejet de la Cour de cassation du 25 mars 1807, comme ayant consacré ce principe, fondé, dit-il, sur l'art. 1340 du Code. Nous ferons voir ci-après, art. 6, qu'on est dans l'erreur en prenant l'article 1340 pour base de cette décision, et en le mettant en pareil cas, en opposition avec l'art. 2054.

« Pourquoi, suivant l'art. 2054 du Code civil, une transaction faite *en exécution d'un titre nul*, et par laquelle il n'a pas été traité *expressément* sur la nullité de ce titre, est-elle sujette à rescision?

» C'est, sans doute parce que supposer, par une transaction, un titre valable, ce n'est pas le reconnaître pour tel par la transaction elle-même; et qu'une transaction ne peut jamais, suivant les art. 2048 et 2049 du même Code, s'étendre à des objets sur lesquels ne portaient pas les différends que les parties ont voulu terminer ou prévenir.

» Or, ce motif n'est pas restreint au cas où *le titre nul, en exécution duquel on a transigé*, a été supposé valable par une erreur de droit; et dès-lors, à quel propos voudrait-on restreindre au premier de ces deux cas la disposition de l'article 2054?

» Serait-ce parce que l'art. 2052 dit généralement, et sans exception ni réserve, que les transactions *ne peuvent être attaquées pour cause d'erreur de droit?*

» Mais d'abord, si l'art. 2052 est général, l'article 2054 l'est aussi. Il n'y a donc pas plus de raison de restreindre l'un que de restreindre l'autre. Il faut donc les appliquer chacun à l'hypothèse pour laquelle il a été fait.

» Mais de là peut-on conclure que la transacion qui a terminé une contestation élevée, non sur la validité ou nullité d'un titre, mais sur le mode d'exécution d'un titre nul, et dans la discussion de laquelle on avait, par erreur de droit, supposé ce titre valable, ne soit pas sujette à rescision, ou, ce qui est la même chose, ne puisse pas être inapplicable à la question non encore née à l'époque où elle a été faite, de savoir si le titre qu'elle a supposé valable, est effectivement tel? Et le contraire ne résulte-t-il pas évidemment du principe consacré par les art. 2048 et 2049, que *les transactions se renferment dans leur objet, et ne règlent que les différends qui s'y trouvent compris?*

» En second lieu, si nous lisons d'un seul contexte les art. 2052, 2053 et 2054, il nous sera bien difficile de ne pas demeurer convaincus que l'art. 2054 est, comme l'art. 2053, une exception à l'art. 2052.

» L'art. 2052 commence par établir que *les transactions ont, entre les parties, l'autorité de la chose jugée en dernier ressort, et qu'elles ne peuvent être attaquées pour cause d'erreur de droit ni pour cause de lésion*.

» L'art. 2053 ajoute : *néanmoins une transaction peut être rescindée, lorsqu'il y a erreur dans la personne ou dans l'objet de la contestation ; elle peut l'être dans tous les cas où il y a dol ou violence.* Ce mot : *néanmoins* caractérise visiblement une exception. L'art. 2053 forme donc visiblement, dans l'intention du législateur, une exception à l'article 2052.

» L'art. 2054 continu : *il y a également lieu à l'action en rescision contre une transaction, lorsqu'elle a été faite en exécution d'un titre nul, à moins que les parties n'aient expressément traité sur la nullité*. Que signifie ce mot *également?* Il signifie indubitablement qu'aux exceptions par lesquelles l'art. 2053 limite la disposition générale de l'article 2052, l'art. 2054 va établir la disposition qu'il renferme.

» A la vérité, les exceptions écrites dans l'article 2053, ne portant que sur l'erreur dans la personne, ou sur l'objet de la contestation, sur le dol ou sur la violence, ne peuvent pas être appliquées à l'erreur de droit; mais d'où cela vient-il? de la généralité de la disposition de l'art. 2052 qui défend d'attaquer les transactions pour cause d'erreur de droit? Non : cela résulte uniquement de la nature même de ces exceptions, qui ne peuvent porter que sur des faits.

» Mais il n'en est pas de même de l'exception écrite dans l'art. 2054 : cette exception est par sa nature applicable au cas où un titre nul a été supposé valable par erreur de droit, comme au cas où il a été supposé valable par erreur de fait. L'art. 2054 doit donc être entendu dans toute la latitude de son sens littéral. Nous devons donc adapter à cet article la maxime, *lege non distinguente, nec nos distinguere debemus*.

» Troisièmement il existe dans le procès-verbal de la discussion du Code civil une preuve irréfragable que l'art. 2054 a été rédigé par le Conseil d'Etat, dans le sens le plus large, et de manière à exclure toute idée de le restreindre au cas de l'erreur de fait.

» L'art. 2052 dans sa première rédaction arrêtée par le Conseil d'Etat, était ainsi conçu : « Les transactions ont, entre les parties, l'autorité de la chose jugée en dernier ressort; elles ne peuvent être attaquées *pour cause d'erreur dans la nature du droit litigieux*, ni *pour cause de lésion*. »

» Il n'était point là question, comme on voit, *d'erreur de droit ;* et par conséquent, si l'art. 2052 n'eût approuvé aucun changement, il n'y aurait pas eu l'ombre d'un prétexte pour soutenir, en le rapprochant de l'art. 2054, que celui-ci ne pouvait pas s'entendre du cas où une erreur de droit eût, dans une transaction faite en exécution d'un titre nul, fait supposer ce titre valable; la disposition de l'art. 2054, étant par elle-même, indéfinie, se serait nécessairement appliquée à l'erreur de droit, comme à l'erreur de fait.

» Quelle a donc été la cause du changement que nous remarquons entre la première rédaction de l'art. 2052 et sa rédaction actuelle? C'est que le tribunat a fait sur cet article, une observation qui avait pour objet de substituer les mots, *pour cause d'erreur de droit*, aux mots, *pour cause d'erreur dans la nature du droit litigieux*.

» Le Conseil d'Etat a trouvé que l'observation était juste et l'a adoptée. Mais en l doptant qu'a-t-il changé à l'art. 2054? Rien. L'observation ne tombait pas sur l'art. 2054. L'art. 2054 est donc resté dans sa généralité primitive; et conséquemment, de même que rapproché de la première rédaction de l'art. 2052, il ne pouvait pas être restreint au cas de l'erreur de fait, de même aussi il n'a pu, rapproché de la rédaction actuelle du même article, être interprété de manière à ne pas comprendre le cas de l'erreur de droit.

» Aussi les orateurs du gouvernement et du tribunat ont-ils parlé de l'art. 2054, comme d'une disposition illimitée. « Lorsqu'un titre est nul (a dit M. Bigot-Preameneu, dans *l'exposé des motifs*), il ne peut en résulter aucune action pour son exécution. Ainsi, lors même que, dans ce titre, il y aurait des expressions obscures, elles ne pourraient faire naître des contestations douteuses, puisque celui contre qui on voudrait exercer l'action, aurait, dans sa nullité, un moyen certain d'en être déchargé. Il faut donc, pour que dans ce cas, la transaction soit valable, que les parties aient expressément traité sur la nullité. » M. Gilet, tribun, s'est exprimé en termes non moins généraux : « Toute convention (a-t-il dit), a une cause; celle de la transaction est la crainte des procès, *propter timorem litis*. Ainsi, lorsqu'un procès est terminé par un jugement passé en force de chose jugée, il ne peut y avoir de transaction parce qu'il ne peut plus y avoir de doute. Il faut en dire autant si la transaction n'est que l'exécution d'une pièce nulle. La convention manque de cause, à moins que les difficultés élevées sur la nullité même, n'en aient été l'objet. »

Mais M. Albisson parlant desc a uses qui peuvent vicier une transaction, observe qu'il faut y comprendre « toutes celles qui excluent le consentement, sans lequel nulle convention ne peut subsister. Ainsi (continua-t-il) l'erreur dans la personne, ou sur l'objet de la contestation, le dol ou la violence qui vicient tous les contrats, donnent ouverture à l'action en réscision. Ainsi, une transaction faite en exécution d'un titre nul, à moins que la nullité étant connue, elle n'ait été expressément l'objet du traité, peut également être rescindée. Telles sont, en effet, les dispositions des art. 10 et 11 » (aujourd'hui 2053 et 2054); et nous devons remarquer en passant, qu'en s'expliquant ainsi, M. Albisson justifie complètement l'observation que nous faisions il n'y a qu'un instant sur ces deux articles, savoir, qu'ils contiennent chacun une exception à l'art. 2052, en tant que celui-ci attribuait aux transactions l'autorité de la chose jugée, le met à l'abri de toute action rescisoire fondée sur l'erreur du droit ou lésion. »

Voilà, je crois, des raisons exemptes de toute réfutation solide, bien propres à convaincre l'esprit le plus récalcitrant, et à faire conclure que l'art. 2054 ne comprend pas moins dans sa disposition, le cas où, dans une transaction faite en exécution d'un titre nul, ce titre a été supposé valable par une erreur de fait.

Je ne dois pas laisser ignorer, au reste, tant dans l'intérêt de la décision que de ma bonne foi, que tout le raisonnement que l'on vient de voir, ainsi que l'essence de la conclusion, appartient à M. Merlin, pris dans son plaidoyer consigné au répertoire, v° *transaction*, § 5, n° 4 *bis*.

Je n'ajouterai seulement que quelques mots à tout ce qui vient d'être dit sur cette question, pour tâcher de faire mieux ressortir, s'il se peut, les principes favorables à notre assertion, assez bien exprimés d'ailleurs par M. Merlin, et particulièrement par les orateurs dont on a rapporté les passages, et pour l'appuyer encore de l'ancien droit.

Si l'on admettait la distinction que l'art. 2054 n'est applicable qu'à l'erreur de fait et non à l'erreur de droit relative à la nullité du titre, qui n'aurait pas été l'objet de la transaction, dans la supposition qu'il était valable, il en résulterait de la manière la plus évidente, que la transaction serait bâsée sur rien ; que ce serait une obligation ou un contrat sans cause ; qu'elle n'aurait aucun fondement ; que ce serait un édifice bâti en l'air qui ne peut avoir d'existence réelle que par l'imagination ; ce ne serait qu'une pure abstraction incapable de produire aucun effet réel ; qu'adopter un pareil sentiment c'est attaquer de front tous les principes anciens et nouveaux, violer ouvertement la maxime *quod nullum est nullum producit effectum*, aussi bien que toutes les autres règles du droit romain, qui sont en général le type de nos lois nouvelles, soutenues par les meilleurs auteurs.

Avant le Code civil les auteurs agitaient cette question : si l'erreur dans le *motif* ou dans la *cause*, vicie le consentement, comme l'erreur dans la substance. Accurse et grand nombre de jurisconsultes étaient pour la négative. — Mais plusieurs enseignaient l'affirmative. — Ainsi, Puffendorff croit nulle toute convention causée par une erreur sur la chose que l'on a eue principalement en vue. (*Du droit de la nature et des gens*, liv. 3, chap. 6, § 7.)—Son annotateur Berbeyrac, croit la convention nulle, lorsqu'il y a eu *erreur efficace*. —Noodt, en son traité *de formâ emendandi doli mali*, chap. 9, admet que la convention est viciée par l'erreur qui touche sur la *cause*, comme par l'erreur qui touche sur la substance.—Pothier enseigne également que les conventions sont nulles non-seulement lorsqu'il y a eu erreur sur la *substance*, mais encore lorsqu'il y a eu erreur sur l'*objet* de la convention; ou encore, lorsqu'il y a eu erreur sur la *qualité* que les contractans ont eu principalement en vue. (*Des obligations*, partie Ire, chap. 1er, art. 3, § 1.) — Domat (lois civiles, liv. 1, tit. 18, s. 1, §§ 7, 13 et 14), distingue entre l'erreur de fait et l'erreur de droit. Il admet que l'erreur de fait annulle la convention dont elle avait été l'unique cause, suivant la loi 9 D. *de juris et facti ignorantiâ*. Quant à l'erreur de droit il lui accorde moins d'effet.—Cependant il lui accorde d'après les lois 7 et 8 du titre cité, l'effet de résoudre la convention, « si l'ignorance ou l'erreur de droit est telle, qu'elle soit *la cause unique* d'une convention où l'on s'oblige à une chose qu'on ne devait pas et qu'il n'y ait eu aucune autre cause qui pût fonder l'obligation. » *Omnibus juris error in damnis amittendæ rei, non nocet*. (L. 8.) « La règle précédente n'a pas seulement lieu, dit-il, pour garantir celui qui erre de souffrir une perte, comme dans le cas qui y est expliqué, mais elle a lieu aussi pour empêcher qu'il ne soit privé d'un droit qu'il ignore avoir. » *Juris ignorantia suum petentibus non nocet*, (loi 7).

Le Code civil, après avoir réglé en ses art. 1110 et 1111, l'effet de l'erreur sur la *matière des conventions*, détermine en ses art. 2052 et 2054, l'effet de l'*erreur* considérée comme *cause* de la convention.—Si l'art. 2052 porte qu'*une transaction ne peut être attaquée pour cause d'erreur de droit*, le législateur ajoute d'un autre côté (art. 2053), que *néanmoins la transaction peut être rescindée s'il y a erreur sur la personne; ou lorsqu'elle a été faite en exécution d'un titre nul.* (Art. 2054.) Cet article exprime clairement l'*erreur efficace* qui annulle la transaction soit parce que ce n'est pas une erreur *de droit*, soit parce que, si c'était une erreur de droit, elle ferait exception et emporterait nullité. — La même disposition se trouve littéralement dans la loi 4, C. *de juris et facti ignorantiâ* : « *si post divisionem factam, testamenti vitium in lucem emerserit, ex his quæ per ignorantiam confecta sunt, præjudicium tibi non comparabitur.* (V. aussi L. 3, § Ier, ff. *de transact.*; l. 12 *in fine eod.*)

L'art. 2054, rattaché à l'art. 2053, est évidemment une exception à l'art. 2052 : il en est une modification : il doit donc être pris, comme il a été ci-devant démontré de la manière la plus invincible, dans toute l'étendue du sens qu'il présente, selon néanmoins la distinction que nous avons faite en principe de l'erreur de droit dans les différentes vues dont on doit la prendre. Refuser donc d'annuller une transaction faite *en exécution* d'un titre nul, que l'on aurait supposé valable, sous prétexte qu'il n'y aurait qu'une *erreur de droit*, c'est contrevenir ouvertement à l'art. 2054; cette transaction est sans cause, sans fondement, puisque ce qui en fait la bâse est nul, et que *quod nullum est nullum producit effectum;* elle est de plus sans consentement, *non videntur qui errant consentire*. L. 116, ff. 2, *de regulis juris*; et telles sont aussi les dispositions des art. 1108 et 1109 du Code civil.

C'est aussi de cette manière que la Cour de cassation l'a décidé implicitement par son arrêt du 23 juin 1813, qui casse et annulle l'arrêt de la Cour de Montpellier, du 16 mars 1812 dont nous avons parlé plus haut. Dans cette cause il y avait plusieurs questions à juger. Mais voici comment la Cour de cassation s'exprime dans un de ses considérans relatif à la question qui nous occupe par rapport à l'art. 2054. Il s'agissait en particulier de l'annullation d'une transaction sur une *donation*.

« Attendu qu'en étayant l'annullation qu'elle (la Cour de Montpellier) en a prononcé sur ce double motif, ladite Cour impériale a formellement contrevenu audit art. 1340 (du Code civil), qui veut que la confirmation ou ratification, ou exécution volontaire d'une donation par les héritiers ou ayant-cause du donateur, après son décès, emporte leur renonciation à opposer soit les vices de forme soit toute autre exception; et qu'elle a fait en même temps une fausse application de l'art. 2054 du même Code, qui porte qu'il y a lieu à l'action en rescision d'une transaction, lorsqu'elle a été faite en exécution d'un titre nul, à moins que les parties n'aient expressément transigé sur cette nullité, puisque l'exécution volontaire donnée à la donation dont il s'agit, exécution constatée par la transaction même, et par les faits personnels audit sieur de Fregeville postérieurs à ladite transaction, en prouve la reconnaissance définitive contre laquelle il ne lui est plus possible de revenir, parce qu'aux termes de l'art. 2052, les transactions ont, entre les parties, l'autorité de la chose jugée en dernier ressort, et qui, suivant l'art. 1340, lorsque la donation est exécutée volontairement par les héritiers du donateur, après son décès, cette exécution en couvre tous les vices de forme, ainsi que toutes autres exceptions;

» Qu'il suit de là. . . . .

. . . .

» Que du système contraire il résulterait une contrariété choquante entre les art. 1340 et 2054 du même Code, en ce que la simple exécution d'une donation après la mort du donateur, rendrait aux termes du premier, ses héritiers non-recevables à l'attaquer ensuite, soit pour vices de forme, soit pour tout autre moyen de droit; et que *suivant le second, une donation suivie d'une transaction, après même l'exécution la plus complète qu'elle aurait pu recevoir, ne serait pas moins susceptible d'être attaquée* sur le prétexte qu'il n'aurait pas été transigé d'une manière expresse sur les nullités qui auraient pu affecter ladite donation;

» Qu'une contrariété aussi révoltante n'a jamais pu exister, soit dans les expressions combinées et bien entendues des deux articles, soit dans les vues et l'intention du législateur, puisqu'il est évident que la disposition dudit art. 2054 ne peut jamais avoir lieu, *que lorsque les parties intéressées sont restées dans les termes d'une simple transaction,* non encore suivie d'aucune exécution de la donation qu'elle a eu pour objet; mais que ledit article 1340 reprend toute sa force et tout son empire, dans tous les cas où les mêmes parties ont librement et volontairement exécuté la donation, soit qu'il y ait eu transaction sur icelle, soit qu'il n'y en ait pas eu. »

Cet arrêt a été rendu sur le plaidoyer et les conclusions de M. Merlin dont nous avons rapporté le raisonnement sur la question qui nous occupe, savoir si l'art. 2054 est applicable à l'erreur *de droit* comme à l'erreur *de fait*. Comme nous l'avons vu M. Merlin a démontré invinciblement que cet article est applicable aux deux cas, et qu'il n'est qu'une exception, ainsi que nous l'avons particulièrement fait voir ensuite nous-mêmes, à la règle générale que l'erreur de droit est nuisible et irréparable. Puis donc que M. Merlin a debattu et discuté cette question sous ces deux points de vue, et ayant soutenu l'affirmative en faveur de l'erreur de droit, il est évident que la Cour de cassation en ne la combattant pas dans ses considérants, elle est censée avoir embrassé l'opinion de M. Merlin à cet égard. Mais ce qui le prouve d'une manière irrécusable, ce sont les termes dont cette Cour s'est servie en disant que *la disposition dudit art.* 2054 *ne peut avoir lieu que lorsque les parties intéressées sont restées dans les termes d'une simple transaction*, par allusion au cas particulier dont est question au procès qu'elle est appelée à juger relatif à la validité d'une *donation* sur laquelle la transaction a eu lieu, *et suivie d'exécution*, cas évidemment régi par l'art. 1340 du Code civil. D'où l'on peut conclure que, quant aux cas ordinaires, la Cour reconnaît l'art. 2054 applicable aux deux sortes d'erreurs, à l'erreur de droit et à l'erreur de fait; mais toujours suivant la distinction que nous avons faite de deux points de vue sous lesquels on doit envisager l'erreur de droit. Ainsi tombe dès lors aussi l'arrêt *de rejet* de la Cour de cassation du 25 mars 1807 qui confirme, par la raison contraire, celui de la Cour de Grenoble du 26 août 1806.

ART. IV. QUID *à l'égard d'une transaction faite sur l'exécution d'un testament nul, d'une nullité non reconnue?*

1. Cette question ainsi discutée et décidée, nous amène à celle de savoir ce qu'il en doit être à l'égard d'une transaction faite sur l'exécution d'un testament nul, d'une nullité non reconnue et dont il n'est pas, par conséquent, fait mention dans la transaction.

Les parlemens des pays du droit écrit n'étaient point uniformes dans la manière dont ils prononçaient sur cette question. On jugeait au parlement de Bordeaux que la moindre approbation du testament rendait non recevable toute attaque dirigée contre les dispositions y contenues; d'où l'on concluait qu'une transaction basée sur un tel testament était ferme et inébranlable.

On jugeait au contraire au parlement de Toulouse, que la division faite entre les cohéritiers conformément au titre, était cassée, si dans la suite on découvrait la nullité ou la fausseté sans que l'approbation résultante du traité lors duquel on avait procédé en conformité des dispositions y contenues, pût y mettre obstacle; en quoi on se conformait à la loi 4, *Cod. de juris et facti ignorantiâ*, rapportée à l'article précédent, *ad finem*. C'est ce que nous apprenons de M. de Catalan, liv. 5, ch. 46.

Maintenant on doit suivre la jurisprudence du

parlement de Toulouse, que l'art. 2054, applicable, comme on l'a vu dans l'article précédent, à l'erreur de droit, comme à l'erreur de fait, a adoptée; et il faut convenir qu'elle mérite la préférence. Car le consentement ne pouvait se rencontrer que là où il n'y a point d'erreur, et y ayant nécessairement erreur en la personne de ceux qui ont ignoré le vice dont le testament était entaché, on ne saurait dire avec vérité qu'il y a eu approbation du testament, et, par voie de suite, que la transaction est inébranlable.

2. Il en serait autrement si la nullité du testament (comme celle de tout autre acte ou titre) était connue, et s'il avait été expressément traité sur cette nullité; ce serait alors le cas de la maxime : *remittentibus jura sua non datur regressus.*

3. Sur quoi on peut observer en passant, que, n'en déplaise à la cour de Grenoble et à tous ceux qui adhèrent à son opinion, l'art. 1340 du Code civil n'est nullement applicable, comme elle l'a proclamé par son arrêt du 26 août 1806, aux testamens; mais qu'il se renferme absolument dans l'objet dont il dispose Ceci est d'autant plus vrai et conforme aux principes, qu'il n'est qu'une exception aux règles générales, au droit commun, et que les exceptions ne s'étendent jamais au-delà des bornes qui leur sont prescrites : elles se bornent à leur sujet : *jus commune extendi, jus singulare restringi debet*, dit Leprêtre, cent. 4, ch. 47. Cela étant, l'art. 1340 ne parlant que des *dona-*

tions, les testamens, aussi bien que tous les autres actes *gratuits*, suivant l'expression de la cour de Grenoble, qui ne sont pas proprement dit, donations, sont hors de son empire : *inclusio unius est exclusio alterius*, et *exceptio firmat regulam in casibus non exceptis*.

ART. V. *L'erreur sur la personne annulle la transaction.*

L'erreur annulle encore la transaction, lorsqu'elle tombe sur la personne de celui avec qui on transige. Par exemple, si le créancier d'une succession transige avec celui qu'on croyait être l'héritier, et qui ne l'était pas, cette transaction sera sans effet, et n'obligera ni le créancier ni le véritable héritier. *Debitor cujus pignus creditor distraxit, cum Mœvio qui se legitimum creditoris hæredem esse jactabat, minimè transigit : postea testamento prolato, Septicium hæredem esse apparuit ; quæsitum est, si agat pignoratitia debitor cum Septicio, an his uti possit exceptione transactionis factæ cum Mœvio qui hæres eo tempore non fuerit pôssitque Septicius pæcuniam quœ Mœvio, ut hæredi, a debitore numerata est, condictione repetere, quasi sub prætextu hœreditati acceptum? Respondit, secundum ea quæ proponerentur, non posse, quia neque cum eo ipse transigit, nec negotium Septicii Mœvius gerens accepit* (l. 3, § 2, D. *de transact.*).

L'art. 2053 du Code civil dit également : « Une transaction peut être rescindée lorsqu'il y a erreur dans la personne.... ». Et l'art. 2097, § 2, confirme cette disposition : « La transaction serait nulle (porte-t-il), si elle n'avait qu'un objet sur lequel il serait constaté, par des titres nouvellement découverts, que l'une des parties n'avait aucun droit. » Cette disposition est parfaitement en rapport avec l'exemple présenté par la loi romaine dont le texte vient d'être transcrit.

L'art. 2053, porte de plus *que l'erreur sur l'objet de la contestation est une cause de rescision de la transaction*. Cette partie de l'article aussi bien que la première, et l'article entier rentrent dans les principes du droit commun exprimés par les art. 1109 et 1110 (V. ces articles; V. aussi 1126 et suiv., jusque et y compris 1133).

Art. VI. *L'erreur est un moyen de rescision pour le mineur qui, devenu majeur, transige avec son tuteur sur le compte de tutelle, sans avoir vu aucune pièce.*

L'erreur est aussi un moyen de rescision pour le mineur qui, devenu majeur, a, sans voir aucune pièce, transigé avec son tuteur sur le compte que lui devait celui-ci; et ce moyen est d'autant plus infaillible, qu'il est appuyé d'une présomption de dol de la part du tuteur. « Il est impossible (dit Brodaud, lettre T, § 3) que de tels contrats et transactions soient exempts de surprise, de fraude et de dol personnel, de la part du tuteur. Saisi de toutes les pièces, il sait assurément s'il est reliquataire ou non ; et à son égard, il n'y a rien de douteux ni d'incertain. Quant au mineur, il est dans une juste ignorance, et il est bien facile de le surprendre et de lui en faire accroire. » (V. ci-devant, art. 4, ch. 2.)

Brodaud ajoute qu'un grand nombre de textes qu'il cite annullent ces sortes de transactions. C'est aussi ce qu'ont jugé plusieurs arrêts. — Louet, à l'endroit qu'on vient d'indiquer, en rapporte un du 27 novembre 1585. — Maynard, liv. 2, ch. 100, nous en fournit un autre intervenu au parlement de Toulouse, en décembre 1592. — Le parlement d'Aix en a rendu un semblable le 19 décembre 1639 ; il est rapporté par Boniface, tom. 1er, liv. 4, tit. 3, ch. 3. Il y en a d'autres qui ont jugé de même.

Cette jurisprudence est expressément confirmée par les art. 472 et 2045. — Le premier porte : « tout traité qui pourra intervenir entre le tuteur et le mineur devenu majeur, sera nul, s'il n'a été précédé de la reddition d'un compte détaillé et de la remise des pièces justificatives : le tout constaté par un récépissé de l'oyant-compte, de dix jours au moins avant le traité. »

Le second ajoute que « le tuteur ne peut transiger avec le mineur devenu majeur, sur le compte de tutelle, que conformément à l'art. 472. » (V. ce que nous avons dit sur ce dernier article au ch. 2, art. 4.)

Art. VII. *Hors les cas particuliers qui viennent d'être rapportés, et ceux auxquels on peut appliquer les mêmes motifs de décision, l'erreur seule ne suffit pas pour faire rescinder une transaction.*

Des pièces nouvellement recouvrées.

1. Hors ces cas particuliers et ceux auxquels on peut appliquer les mêmes motifs de décision, il est constant que l'erreur seule ne suffit pas pour faire rescinder une transaction.

La loi 29, C. *de transactionibus*, décide qu'on ne peut, sous prétexte de pièces nouvellement recouvrées, revenir contre une transaction qui a tranché toutes les contestations des parties : *Sub pretextu specierum post repertarum, generali transactione finitâ rescindi prohibent jura.* — La loi 19 du même titre dit pareillement qu'une pièce recouvrée après coup, ne peut porter atteinte à une transaction faite de bonne foi, à moins qu'elle n'ait été retenue par le fait de l'une des parties : *Sub pretextu instrumenti post reperti, transactionem bonâ fide finitam rescindi jura non patiuntur. Sanè si per se vel per alium, substractis instrumentis quibus veritas argui potuit, decisionem litis extorsisse probetur; si quidem actio superest, replicationis auxilio doli mali pacti exceptio removetur : si verò jam perempta est, intra constitutum tempus tantum actionem de dolo potest exercere.*

L'art. 2057 du Code civil renouvelle ces dispositions, mais en les modifiant. Voici ses termes : « Lorsque les parties ont transigé *généralement* sur toutes les affaires qu'elles pouvaient avoir ensemble, les titres qui leur étaient alors inconnus, et qui auraient été postérieurement découverts, ne sont point une cause de rescision, à moins qu'ils n'aient été retenus par le fait de l'une des parties.

2. « Mais la transaction serait nulle, si elle n'avait qu'un objet sur lequel il serait constaté, par des titres nouvellement découverts, que l'une des parties n'avait aucun droit. »

La modification exprimée par ce dernier paragraphe est très-juste, parce qu'en effet il n'y aurait point de consentement réel sur ce point; car en transigeant généralement sur toutes les affaires que nous pourrions avoir ensemble, je n'ai entendu le faire qu'en supposant que vous pourriez avoir quelque droit sur l'objet qui nous a porté à faire la transaction générale, et non sur une chose à laquelle vous n'aviez aucun droit. Et si j'avais connu les titres qui vous refusent tout droit à cette chose, certainement la transaction n'aurait point porté sur cet objet parce que je n'y aurais pas consenti n'ayant aucune raison pour le faire. A cet égard donc la transaction est sans consentement et même sans cause : car la cause d'une transaction est un *droit incertain*, *de re dubiâ et lite ncerta*, et *la crainte d'un procès* que l'on veut éviter : *propter timorem litis*. Or ici il n'y a ni l'un ni l'autre : le droit n'est pas incertain puisque vous n'en avez aucun d'après les titres nouvellement découverts, et par cette raison il n'y a pas non plus lieu de craindre un procès ni par conséquent de rien faire pour l'éviter.

Mais il y a d'autres raisons qui justifient cette disposition de la loi.

Il y a deux cas qui peuvent avoir causé, lors de la transaction, l'ignorance des titres nouvellement découverts.

Les titres peuvent avoir été retenus par l'effet de la personne avec laquelle on a transigé, dans le dessein d'en soustraire à l'autre la connaissance, qui, s'ils eussent été connus auraient probablement donné lieu à un arrangement tout différent. Dans ce cas il y a *dol*.

Ou bien, l'ignorance de ces titres peut ne pas provenir du fait de la partie, ou encore cela pourrait être sans mauvaise intention de sa part.

Dans le premier cas, comme le dol est une exception à toutes les règles, il est juste alors que cette infidélité soit punie, et la loi en fournit les moyens à celle des parties qui a été trompée, en lui donnant la faculté d'attaquer la transaction : *nemini fraus sua patrocinari debet*. Les transactions ayant, quant à leur exécution, la même autorité que les jugemens souverains, on les a fait participer aux mêmes avantages; et tout comme les arrêts peuvent être renversés par la voie de la requête civile (art. 480, §§ 1 et 10 du Code de procédure civile) lorsque l'une des parties a retenu par son fait des pièces dont la connaissance aurait vraisemblablement opéré un jugement différent, de même on a cru, en haine de la perfidie et de la mauvaise foi, devoir traiter les transactions comme on traite les arrêts, quoiqu'elles soient inébranlables de leur nature.

Mais dans le second cas, c'est-à-dire, quoique non retenus par le fait de la personne avec laquelle on a transigé, ou existantes entre ses mains sans mauvaise intention, une pièce peut être tellement destructive du titre sur lequel la transaction est basée qu'elle en opère l'anéantissement.

Supposons, par exemple, que Jean nouvellement héritier, transige avec un soi-disant créancier de l'hérédité, et qu'il trouve ensuite parmi les papiers du défunt, la quittance de la somme sur laquelle il a été transigé ; dans ce cas, la transaction sera anéantie parce que la découverte de la quittance justifiera que le demandeur n'avait aucun droit. Au reste, si la quittance produit un tel effet dans l'hypothèse dont nous venons de parler, c'est parce que l'objet de la transaction est unique ; car si elle est portée en même temps sur quelques autres objets, il en serait autrement, attendu qu'on pourrait croire qu'il avait été fait un abonnement sur tous les points agités, abonnement dont le résultat aurait été l'engagement pris dans la transaction (V. *Sur l'erreur,* au ch. 6, l'art. 2).

ART. VIII. *La lésion n'est pas un moyen de rescision.*

Les interprètes du droit romain sont assez partagés sur la question de savoir si la lésion d'outre moitié, ou du tout au tout, est un moyen de rescision contre une transaction faite de bonne foi entre majeurs.

Les plus judicieux ont embrassé la négative, qui en effet paraît invinciblement démontrée par la loi 78, § dernier, D. *ad Trebellianum*; par la loi 28, C. *de transact.*; par la loi 65, § 1, D. *de condictione indebiti*, et par plusieurs autres textes.

Domat (*Des transactions*, liv. 1, tit. 13, sect. 2, n. 5) s'exprime ainsi : « Les transactions ne sont pas résolues par la lésion que souffre l'un des contractans, en donnant plus que ce qu'il pouvait devoir, ou recevant moins que ce qui lui était dû, si ce n'est qu'il y eût du dol; car on compense ces sortes de pertes avec l'avantage de finir un procès, et de prévenir l'incertitude de l'évènement; et il est de l'intérêt public de ne pas donner d'atteintes aux transactions par des lésions dont l'usage serait trop fréquent. Et il rapporte la loi 78, ci-dessus citée conçue en ces termes : « *Hæres ejus qui post mortem suam rogatus erat universam hæreditatem restituere, minimam quantitatem quam solam in bonis fuisse dicebat, his quibus fideicommissum debebatur, restituit. Postea repertis instrumentis apparuit quadruplo ampliù in hereditate fuisse :*

quæsitum es an in reliquum fideicommissi nomine, conveniri possit? Respondit, secundùm ea quæ proponerentur, si non transactum esset, posse. »

En France, la question est décidée depuis longtemps en faveur du même parti. L'ordonnance de Charles IX du mois d'avril 1560 porte, « Confirmons et autorisons, par ces présentes toutes transactions qui, sans dol et force, sont passées entre nos sujets majeurs d'ans, pour les choses qui sont dans leur commerce et disposition. Voulons et nous plaît que contre icelle nul ne soit reçu, sous prétexte de lésion quelconque, mais que les juges à l'entrée du jugement, s'il n'y a autre chose alléguée contre icelles transactions, déboutent les impétrants des lettres, de l'effet et entérinement d'icelles, et les déclarent non-recevables. »

C'est sur cette disposition qu'est fondé un arrêt du 26 avril 1760, rapporté par Dénisart, aux mots *réparation civile*. Les nommés Desrue, de Chartres, accusés par le sieur Pillant d'un délit qui aurait entraîné de gros dommages-intérêts, s'ils en avaient été convaincus, ont transigé avec lui; et moyennant la promesse d'une somme modique, l'ont engagé à se déporter de sa plainte. L'instruction s'est continuée à la requête de M. le procureur-général, et par l'événement les Desrue ont été mis hors de Cour. Dans cette position ils ont pris des lettres pour faire rescinder la transaction, mais ils en ont été déboutés par sentence du bailliage de Chartres, du 20 août 1754; et sur l'appel qu'ils ont interjeté de cette sentence l'arrêt cité l'a confirmée avec amende et dépens.

L'ordonnance de Charles IX n'est pas enregistré au parlement de Flandre : mais les principes qui l'ont dictée, ne doivent-ils pas en rendre la disposition universelle, et la faire valoir en cette Cour comme dans les autres tribunaux français?

Les anciens arrêts jugeaient que non. Desghewiet, *institutions au droit belgique*, partie 2, tit. 6, § 6, n° 4 et 5, dit qu'à la vérité, on ne peut pas rescinder une transaction sous prétexte de lésion d'outre moitié; mais qu'il y aurait lieu à la rescision, si la lésion était *énormissime*, parce qu'elle équivaudrait à un dol réel. « Il en a été ainsi décidé (poursuit-il) par arrêt du parlement de Flandre, du 28 janvier 1698, et par un autre du grand conseil de Malines, du 22 septembre 1702. »

M. de Baralle, d'abord conseiller et ensuite procureur-général au parlement de Flandre, dit la même chose, § Ier, et fonde sa doctrine sur un arrêt rendu à son rapport, en décembre 1688.

Cette jurisprudence était trop contraire aux vrais principes, pour que tôt ou tard on n'essayât point de la combattre. L'occasion s'en présenta en 1772, et on le fit avec succès.

La veuve du sieur Lefebvre de la Basse-Boulogne était en contestation avec les héritiers de son mari, sur un partage de communauté. Une sentence ayant réglé les opératious à faire pour procéder à ce partage, les parties y acquiescèrent par transaction du 24 octobre 1771. Le 22 janvier suivant, la dame de la Basse-Boulogne obtint des lettres contre cet acte et les présenta à l'entérinement avec une requête dans laquelle elle articulait et offrait de prouver une lésion *énormissime*. Les héritiers de son mari soutinrent qu'une transaction ne pouvait être rescindée du chef de lésion, même du tout au tout; et bornèrent là leur défense. Par sentence du 30 avril 1772, les échevins de Bailleul ordonnèrent à l'impétrante la preuve qu'elle eut été induite *par dol ou circonvention* à signer l'acte dont il s'agissait. La dame de la Basse-Boulogne, entrevoyant dans ce prononcé que son moyen de lésion serait infailliblement rejeté en définitive, interjeta appel de la sentence au présidial de Bailleul, qui la confirma purement et simplement par une autre du 8 juillet suivant: la dame de la Basse-Boulogne appela de nouveau au conseil supérieur de Douay, et y obtint, le 10 mai 1774, un jugement conforme à sa demande et à l'ancienne jurisprudence. Mais les héritiers ayant pris des lettres de révision contre ce jugement, le parlement de Flandre, par arrêt du 24 mars 1775, rendu au rapport de M. l'abbé de Dion, les chambres assemblées, a déclaré qu'erreur était intervenue, a confirmé les sentences du présidial et de l'échevinage de Bailleul, et a condamné la dame de la Basse-Boulogne aux dépens de la cause d'appel, et à ceux de la révision.

Winantz, § 70, dit que la même chose a été jugée par arrêt du conseil souverain du Brabant, rendu tout d'une voix, le 31 juillet 1708.

Le moyen de lésion n'est donc pas admissible dans la bouche d'un *majeur* qui a transigé. Et aujourd'hui il y a d'autant moins de doute que l'art. 2052 du Code civil déclare nettement, que « les transactions ne peuvent être attaquées pour cause de lésion. »

Art. IX. *La lésion n'est pas un moyen de rescision même en faveur du mineur.*

Mais si à la lésion se joignait la faveur de *la minorité*, la rescision aurait-elle lieu? Les lois 1 et 2, C. *si adversùs transactionem*, parlent de deux mineurs restitués contre des transactions qui les lésaient, et supposent par conséquent, que la restitution est de droit en pareil cas. Voici le texte de ces deux lois :

Cùm in integrum pupillâ restitutâ, rescindi transactionem vel divisionem placuit : tu quoque actionibus quas pridem habuisti uteris. (L. 1.)

Si ex personâ minorum in integrum restitutio adversùs transactum propter ætatis auxilium imploretur : tibi quoque agenti ex integro, vel replicatione contrà exceptionem pacti, vel, si peremptam esse constet pristinam obligationem, ex instoratione negotii tributâ tibi actione consulendum est.

« L'art. 1305 du Code civil (dit M. Merlin, au répertoire, v° *transaction*, § 5, n. 8), insinue la même chose : « La simple lésion donne lieu à la rescision en faveur du mineur..... *contre* TOUTES *sortes de conventions*. »

« Il n'importe (continue-t-il) , que la transaction faite avec un mineur ait été homologuée en justice, après toutes les formalités prescrites par l'art. 467. Ce n'est qu'à l'égard des aliénations d'immeubles et des partages des successions que l'art. 1314 ferme aux mineurs la voie de la rescision, lorsque les formalités requises à raison de la faiblesse de leur âge ont été remplies ; les transactions restent sous l'empire de la règle générale qu'établit l'art. 1305. »

Mais je crois que M. Merlin est tombé dans l'erreur en décidant ainsi sur ce point, et que le mineur ne peut pas plus revenir sur la transaction faite avec toutes les formalités prescrites par l'art. 467, suivant le vœu de l'art. 2045, que ne le peut un majeur ; premièrement parce que la loi a pris assez de précautions pour empêcher que ses intérêts ne soient lésés le moins possible ; secondement parce que l'art. 2045 fait exception à la règle générale en faveur des transactions ; troisièmement parce que la loi ayant autorisé les transactions à l'égard des mineurs comme à l'égard de tous autres, elle a nécessairement voulu qu'ils en subissent également les résultats et les conséquences qui dérivent des principes généraux sur les transactions; quatrièmement parce que ce serait violer manifestement ces mêmes principes qui veulent qu'une transaction ne puisse être réputée telle, qu'autant qu'il y a de part ou d'autre, ou même de l'un et l'autre côté, *don*, ou *rétention*, ou *promesse* de quelque chose; *transactio enim nullo dato, vel retento, aut promisso, minimè procedit*. Si la loi nouvelle avait voulu faire une exception en faveur du mineur à cet égard, elle n'aurait pas manqué de le dire : c'est ce qu'elle n'a pas fait; et l'on doit croire qu'elle l'a d'autant moins voulu que l'art. 2052 est postérieur à l'art. 1305, et que d'après la maxime *posteriora prioribus derrogant*, il a entendu dès lors comprendre le mineur dans la généralité de ses expressions; comme il ne distingue point c'est aussi le cas d'appliquer ici la maxime *ubi lex non distinguit nec nos distinguere debemus*. Quant à la disposition de l'art. 1305, portant que la simple lésion donne lieu à rescision en faveur du mineur... *contre toutes sortes de conventions*, cet article ne doit s'entendre que de toutes conventions autres que celles faites dans une transaction pour laquelle toutes les formalités de précaution excessive ont été remplies d'autant plus certainement que l'art. 2052 venant ensuite avec sa disposition générale n'a point fait de précision en faveur du mineur. S'il en était autrement l'autorisation que la loi donne au mineur de transiger avec les conditions qu'elle prescrit, deviendrait illusoire;

puisque, s'il n'y avait que son antagoniste qui pût faire des sacrifices, et lui jamais aucun, il n'y aurait plus de transaction; car le premier ne ferait que renoncer *gratis* et libéralement aux droits qu'il pourrait prétendre, et l'autre aurait toujours son droit certain, et l'on ne pourrait le considérer autrement puisqu'il ne pourrait rien relâcher de ses prétentions. Et dans pareille circonstance, il est évident que personne ne voudrait transiger sur les contestations qu'on aurait avec un mineur, parce qu'on n'aurait qu'à lui faire des concessions sans que lui pût en faire aucune; car il serait même dangereux d'en recevoir de sa part sans craindre d'avoir de nouveaux procès dans la suite, en conséquence du moyen qu'on aurait voulu prendre pour éteindre ou prévenir le premier.

Quant aux lois romaines et à ce qui se pratiquait sous l'ancien droit en conséquence de ces lois, il faut laisser tout cela pour le temps qui était régi par ces principes : la nouvelle loi les a répudiés. (V. ci-devant chap. 3, art. 5, antepénultième alinéa et suiv. *sur l'abrogation des lois par les lois nouvelles.*)

Je pense donc que le mineur n'a pas plus droit que le majeur de revenir sur la transaction faite dans son intérêt avec les formalités prescrites par la loi, pour cause de lésion.

Au surplus, en suivant les principes de l'ancien droit en cette partie, comme d'après les règles du droit commun nouveau, dans tous les cas de rescision à l'égard du mineur, pour qu'un mineur se fasse restituer contre une transaction, il ne suffit pas d'alléguer qu'elle le grève : il faut qu'il le prouve; car ce n'est pas précisément la minorité, mais la lésion qu'elle facilite, qui fait accorder au mineur le bénéfice de la restitution en entier : *minor non restituitur ut minor, sed ut lœsus*.

De là l'arrêt du parlement de Flandre, du 16 mars 1706, qui juge, suivant Desjauneaux, tom. IV, § 135, « qu'un mineur ne doit pas être restitué contre une transaction passée au sujet de la révision d'un procès qu'il avait perdu par arrêt, pour peu qu'il y ait de doute.

Art. X. *Les règles précédentes pour le mineur sont communes au mineur émancipé pour les objets de pure administration.*

Les règles qui viennent d'être posées pour le mineur en général sont communes au mineur *émancipé* lorsque la transaction ne s'étendra pas au-delà des objets *de pure administration* qui lui est accordée par la loi.

On peut voir à ce sujet les art. 481, 482, 483 et 484 du Code civil.

L'art. 481 porte particulièrement que : le mineur émancipé ne sera restituable *contre les actes de pure administration dans tous les cas où le majeur ne le serait pas lui-même ;* d'où l'on doit conclure nécessairement d'après les règles des exclusions *qui de uno dicit de altero negat* et *exclusio unus est exclusio alterius*, encore par cette autre : *exceptio firmat regulam in casibus non exceptis*, qu'il est restituable contre les autres actes. Et l'art. 484 vient de plus corroborer cette décision en disant que le mineur émancipé ne pourra non plus vendre ni aliéner ses immeubles, *ni faire aucun acte que ceux de pure administration, sans observer les formes prescrites au mineur non émancipé.* »

Art. XI. *Les mêmes règles applicables à l'interdit.*

L'art. 509 du même Code porte : « L'interdit est assimilé au mineur pour sa personne et pour ses biens ; les lois sur la tutelle des mineurs s'appliqueront à la tutelle des interdits. »

Les mêmes règles donc établies pour les mineurs, relativement à la rescision de la transaction pour cause de lésion, s'appliquent également à l'interdit.

Art. XII. *Le prodigue à qui il a été donné un conseil judiciaire ne peut pas transiger sans l'assistance de ce conseil.*

1. Un prodigue peut transiger à son gré et volonté tant qu'il ne lui a pas été nommé de conseil judiciaire. Mais il ne le peut plus sans l'assistance de ce conseil, dès l'instant qu'il lui a été nommé par le tribunal sur la provocation de ceux qui ont

droit de demander l'interdiction. Ce sont les dispositions des art. 513 et 514 du Code civil dont voici la teneur.

Art. 513 : « *Il peut être défendu* aux prodigues de plaider, *de transiger*, d'emprunter, de recevoir un capital mobilier et d'en donner décharge, d'aliéner, ni de grever leurs biens d'hypothèques, *sans l'assistance* d'un conseil qui leur est nommé par le tribunal. »

Art. 514 : « La défense de procéder sans l'assistance d'un conseil peut être provoquée par ceux qui ont droit de demander l'interdiction ; . . . »

La transaction (comme tous autres actes) passée postérieurement à la nomination du conseil, et à partir du jour du jugement, par le prodigue sans l'assistance de ce conseil, est nulle de droit. Tel est le vœu de l'art. 502 du Code civil, ainsi conçu : « L'interdiction, ou la nomination d'un conseil aura son effet *du jour du jugement*. Tous actes passés postérieurement par l'interdit ou sans l'assistance du conseil, seront nuls de droit. »

Ainsi, la seule prononciation du jugement qui nomme le conseil au prodigue suffit pour opérer la nullité des actes dans lesquels le concours de ce conseil est nécessaire.

2. Cette décision semblerait pourtant contrariée par l'art. 501 du Code civil corroboré et confirmé par l'art. 897 du Code de procédure civile qui réitère les mêmes dispositions, si la seule prononciation du jugement suffit pour opérer cette

nullité, nonobstant l'inobservation des formalités prescrites par l'art 501 du Code civil corroboré par l'art. 897 du Code de procédure civile. Voici ce que portent ces articles :

Art. 501 (Code civil) « Tout arrêt ou jugement portant interdiction, ou nomination d'un conseil, sera, à la diligence des demandeurs, levé, signifié à la partie, et inscrit, dans les dix jours, sur les tableaux qui doivent être affichés dans la salle de l'auditoire et dans les études des notaires de l'arrondissement. »

Art. 897 (Code de procédure civile) « Le jugement qui prononcera défenses de plaider, transiger, emprunter, recevoir un capital mobilier, en donner décharge, aliéner ou hypothéquer sans assistance de conseil, sera affiché dans la forme prescrite par l'art. 501 du Code civil.

Cependant il n'en est pas moins certain que, malgré l'inobservation des formalités prescrites par ces deux articles, la doctrine posée en principe reste dans toute sa force. La raison en est que ces formalités prescrites par les articles que nous venons de transcrire ne sont pas ordonnées à peine de nullité et que les nullités ne doivent jamais se suppléer lorsqu'une loi ne les prononce pas textuellement, si ce n'est dans les lois qui déterminent les formalités constitutives de la substance des actes, intrinsèques de ces actes; hors ce cas, la peine de nullité ne peut jamais être sous-entendue dans une loi, et les juges ne peuvent jamais la prononcer sans ajouter à la loi même, sans faire ce qui appartient au législateur. Ce principe est si vrai, et d'autant plus applicable dans ce cas-ci, que l'art. 1030 du Code de procédure civile défend qu'aucun exploit *ou acte de procédure* ne pourra être déclaré nul, si la nullité n'est pas formellement prononcée par la loi. » Or l'art. 897 du Code de procédure civile, pas plus que l'art. 501 du Code civil ne prononce pas de nullité pour leur inexécution ; elle ne peut donc pas être suppléé, et par conséquent l'inobservation de la formalité qu'ils prescrivent ne détruit pas la disposition de l'art. 502 du Code civil. On peu d'autant moins douter que la peine de nullité a été omise à dessein dans l'art. 501 que le législateur connaissait en rédigeant cet article, les règlemens qui existaient sur cette matière dans l'ancienne jurisprudence, et particulièrement l'arrêt du parlement de Normandie, du 31 janvier 1597, qui voulaient que les jugemens d'interdiction fussent *écrits en tableaux qui seraient affichés au tabellionage des villes et lieux du domicile de l'interdit*, SUR PEINE DE NULLITÉ ; il connaissait aussi les arrêts du parlement de Paris, des 18 mars 1614, 23 décembre 1621, 4 août 1718 et 17 juillet 1764 qui avaient réglé la même chose pour les sentences d'interdiction émanées du Châtelet. Il y a une foule d'autres raisons qui prouvent que si le législateur n'a pas ajouté la peine de nullité à l'art. 501, c'est parce qu'il ne l'a pas voulu : une preuve sans réplique, c'est ce que dit M Emery orateur du gouvernement dans *l'exposé des motifs* de cette partie du Code : « Le jugement portant interdiction ou nomination d'un conseil (dit-il), doit être rendu à l'audience publique. On impose au demandeur l'obligation de le faire lever, signifier à partie, et inscrire, dans les dix jours, sur les tableaux qui doivent être affichés dans la salle de l'auditoire et dans les études des notaires de l'arrondissement. Ces précautions sont prises dans l'intérêt des tiers : *Il faudra, pour en assurer l'exécution, descendre dans quelques détails qui seraient au-dessous de la majesté de la loi;* et il y sera pourvu par des règlemens d'administration publique, dès que le notariat sera tout-à-fait organisé.

Tout ce qui résulte donc du défaut actuel de sanction dans l'art. 501, et de l'omission impunément pratiquée en attendant le règlement promis pour en assurer l'exécution pour la plus grande publicité des jugemens d'interdiction, c'est que notre jurisprudence se trouve encore, sur cette matière, au même point où elle était chez les Romains, et dans une grande partie de la France avant le Code civil.

Chez les Romains, les jugemens d'interdiction n'étaient ni publiés ni affichés, et ils n'en recevaient pas moins leur pleine exécution contre les tiers qui contractaient avec des interdits.

Les arrêts du parlement de Paris, ceux du parlement de Rouen, et les dispositions de quelques coutumes en avaient disposé autrement; mais ces règlemens, ces statuts coutumiers étaient renfermés dans leurs ressorts respectifs; et de droit commun, les jugemens d'interdiction n'avaient besoin ni de publication ni d'affiches, pour avoir leur entier effet à l'égard des tiers. Serres dans ses *Institutions au droit français*, ouvrage composé spécialement pour le ressort du parlement de Toulouse, dit : « A l'égard des prodigues, le même jugement qui leur donne un curateur, leur interdit aussi l'administration de leurs biens; en sorte que tous les actes ou contrats qu'on pourrait ensuite passer avec eux, sont nuls et invalables; *on prend même* QUELQUEFOIS *la précaution de faire signifier* aux syndics des notaires le jugement d'interdiction. »

Il est certain que ce défaut de loi pouvait alors, comme aujourd'hui le défaut de sanction dans l'art. 501 du Code civil, entraîner des inconvéniens; peut-être, pour des tiers de bonne foi, une cause de surprise, mais il n'appartient qu'au législateur d'y pourvoir : *ejus est legem interpretare cujus est condere.*

Puisque donc les formalités prescrites par l'article 501 du Code civil ne le sont pas à peine de nullité, il est bien clair, il est incontestable que la peine de nullité prononcée par l'ar. 502 ne peut pas être subordonné à l'accomplissement de ces formalités, et qu'il doit avoir son plein et entier effet par lui-même nonobstant l'inobservation de l'art. 501, jusqu'à ce que la sanction promise par le législateur lui soit donnée.

Au reste on peut tirer de l'art. 502 de nouvelles raisons aussi péremptoires que celles que nous venons de donner, pour justifier de plus en plus notre assertion.

L'interdiction ou la nomination d'un conseil (dit cet article) *aura son effet du jour du jugement. Tous actes passés postérieurement par l'interdit, ou sans l'assistance du conseil, seront nuls de droit.* Il n'y a rien là qui lie la disposition que ces termes expriment, avec celle de l'art. 501 qui précède, l'art. 502 est donc, par la manière dont il est conçu, indépendant de l'art. 501. On ne peut pas donc voir dans ce dernier article la condition *sine quâ non* de l'art. 502; on ne peut donc pas convertir en disposition conditionelle, une disposition qui par elle-même, est absolue. Si le législateur avait voulu faire ainsi dépendre la disposition de l'art. 502 de l'accomplissement intégral des formalités prescrites par l'art. 501, il l'aurait dit, il ne pouvait pas l'oublier, et nous avons fait voir qu'il ne l'a pas oublié : et non-seulement il ne l'a pas dit, mais il a dit positivement tout le contraire. Car au lieu de dire que l'effet de l'interdiction ou de la nomination du conseil aurait lieu du jour où l'accomplissement des formalités prescrites par l'art. 501, il dit au contraire, dans l'art. 502, que l'*interdiction ou la nomination du conseil aura son effet du jour du jugement* : elle aura donc son effet avant que le jugement ait été levé, avant qu'il ait été signifié à partie, avant qu'il ait été inscrit sur les tableaux de l'auditoire et des études des notaires, par conséquent avant que les formalités prescrites par l'art. 501 aient été remplies : son effet est donc indépendant de ces formalités. Et cet effet quel est-il par rapport aux tiers? *la nullité de tous actes passés postérieurement* à la prononciation du jugement, par l'interdit, ou sans l'assistance du conseil. La nullité de ces actes n'est donc pas encore subordonnée à l'accomplissement des formalités prescrites par l'art. 501. Cette nullité doit donc être prononcée soit que ces formalités aient été remplies, soit qu'elles ne l'aient pas été.

Remarquons en définitive, qu'en adoptant le système contraire, suivi pourtant par la chambre des requêtes de la cour de cassation, dans son arrêt du 16 juillet 1810, qui rejette le pourvoi formé contre l'arrêt de la cour impériale de Douai, en date du 1er juin de la même année, on ferait dépendre le sort du droit acquis à l'interdit ou au prodigue, de la négligence ou du caprice, de la survivance d'un tiers à ce jugement, ou du hasard; et l'on violerait ainsi, l'une des maximes fondamentales de toute législation, *quod nostrum est facto alterius nobis aufferri non potest.*

Le système que nous professons est également soutenu par M. Merlin (V. ses *Questions de droit*, aux mots : *Tableau des interdits*); par M. Delvincourt, tit. 1, p. 485, lequel improuve l'arrêt cité de la cour de cassation, du 16 juillet 1810, qu'on trouve dans Denevert, t. VIII, p. 539; P., t. XXIX, p. 129; J., t. XVI, p. 80.

ART. XIII. *Du temps requis pour se pourvoir en rescision d'une transaction.*

Distinction des transactions nulles de celles qui n'étaient que rescisibles, abolie par la nouvelle loi.

Dans l'ancien droit on distinguait la transaction nulle de celle qui était seulement rescisible. Quant à celle qui était nulle, il ne fallait pas de lettres de rescision pour l'attaquer, et on ne faisait aucune difficulté d'admettre après les dix ans, les réclamations qui tendaient à l'anéantir. Ainsi une communauté d'habitans qui aurait abandonné, par transaction, soit un héritage soit un droit réel qu'elle possédait, pouvait, si l'on n'avait pas observé pour cela les formalités nécessaires, réclamer pendant trente ans. Desjaunaux en rapporte un arrêt du parlement de Flandre, du 27 janvier 1698. Winantz, § 74, nous en présente un semblable, rendu au conseil souverain de Brabant, le 21 février 1709.

Aujourd'hui il n'y a plus de dinstinction quant au terme dans lequel une transaction doit être attaquée, entre le cas où elle nulle et celui où elle n'est que rescisible.

A l'égard des actes passés entre le mineur devenu majeur et son tuteur, il y avait autrefois diversité de jurisprudence.

Le parlement de Paris jugeait qu'en ce cas, le mineur avait trente ans du jour de sa majorité, pour se faire restituer contre de semblables actes.

Dans la suite, on a distingué entre les *transactions* faites *visis tabulis*, et celles qui étaient faites *non visis tabulis* : ces dernières étaient nulles; ainsi, on pouvait les attaquer pendant trente ans. Quant aux autres, il fallait les attaquer dans les dix ans.

On distinguait aussi entre les *transactions* et les *simples quittances* ou *décharges* : dans le premier cas, le temps de la restitution était limité à dix ans; et dans le second cas, il durait trente ans.

Dans les derniers temps, la jurisprudence de cette Cour était que le mineur qui voulait faire rescinder les actes, de quelque nature qu'ils fussent, passés entre lui et son tuteur, devait se pourvoir dans les dix ans de sa majorité.

Au parlement de Toulouse, Maynard, d'Olive et Catelan attestent qu'il a toujours jugé et jugeait encore, dans les derniers temps, que le mineur avait trente ans pour faire rescinder les actes passés avec son tuteur, même les *transactions* VISIS TABULIS. Dans les autres cas, ce parlement n'accordait que dix ans du jour de l'acte ou de la majorité.

Par l'art. 79 de l'arrêt de règlement que le parlement de Rouen fit au sujet des tutelles, en 1673; il ordonne que le tuteur ne pourrait transiger avec son pupille qu'après le compte rendu et approuvé.

Suivant l'art. 80, le tuteur ne peut transiger qu'un an après la majorité du mineur, et en présence de deux des parens nommés pour cet effet par les autres parens qui ont procédé à l'élection de la tutelle; et l'art. 81 veut que la remise des pièces soit faite en présence des mêmes parens, pour valider la transaction.

L'art. 39 des Placités du 6 avril 1666 veut que celui qui a contracté avant l'âge de vingt ans accomplis, puisse se faire restituer dans la trente-cinquième année de son âge.

Ainsi, en Normandie, on avait quinze ans pour obtenir des lettres de rescision contre les actes passés en minorité.

Aujourd'hui, dans toute la France, l'action en nullité des traités, et en particulier des transactions, faits entre le mineur devenu majeur et son ci-devant tuteur, et non précédés, tant de la reddition d'un compte détaillé que de la remise des pièces justificatives, se prescrit par dix ans à compter du jour de la majorité, laquelle s'acquiert, depuis la loi du 20 septembre 1792, par l'âge de 21 ans. (V. le Code civil, art. 388, 489 et 1304.)

Art. XV. *De l'erreur de calcul.*

« L'erreur de calcul dans une transaction doit

être réparée. »(Art. 2058 du Code civil). (V. 541 du Code de procédure civ.)

ART. XVI. *Si l'acte par lequel des héritiers ont réglé leurs droits respectifs dans une succession qui leur est échue en commun doit être considéré comme transaction.*

Remarquons au surplus, que l'on ne doit pas considérer comme *transaction*, ni par conséquent comme irrescisible du chef de lésion, l'acte ainsi qualifié par lequel des héritiers ont réglé leurs droits respectifs dans une succession qui leur est échue en commun.

Cette maxime est écrite en toutes lettres dans le Code civil, art. 888.

La nature des actes se détermine par leurs clauses et non par la dénomination qui leur est donnée. Un acte qualifié *transaction* ne doit pas être réputé tel, alors que les parties avaient moins à plaider qu'à faire un partage. C'est ainsi que la Cour de cassation l'a jugé le 1er brumaire an XII. P. t. 17, p. 148. Den., t. 2, p. 170. S. t. 4, p. 61, indépendamment que le bon sens et la saine raison le veulent de même : il faut toujours s'attacher à la chose plutôt qu'aux mots : *mentem potiùs quàm verba spectari placuit.* (V. Chabot, sur l'art. 888.)

Mais il en faut dire autrement de l'acte par lequel des héritiers, qui avant de procéder au règlement de leurs droits respectifs, ayant plaidé sur la consistance de ses droits auraient mis fin à leurs contestations, et fixé ce qui devait revenir à chacun d'eux. Dans ce cas l'acte est une véritable transaction. (V. sur tout cet art. ce que nous avons dit à l'art. 4 du chap. 3.)

CHAPITRE VII.

A QUI DU POUVOIR JUDICIAIRE OU DE L'AUTORITÉ ADMINISTRATIVE APPARTIENT LA CONNAISSANCE DES DIFFICULTÉS RÉSULTANT DES TRANSACTIONS QUE LES COMMUNES ET LES ÉTABLISSEMENS PUBLICS ONT SOUSCRIT AVEC L'APPROBATION DU GOUVERNEMENT ?

Pour décider cette question, il est à propos de retracer en peu de mots quelques règles sur la compétence du pouvoir administratif et du pouvoir judiciaire. Et lorsqu'on connaîtra la différence de ces deux pouvoirs et leurs attributions particulières il ne sera pas difficile de prononcer sur la question proposée.

Comme, ainsi que le dit M. Henrion de Pensey, dans son inestimable ouvrage *de la compétence des juges de paix*, nos assemblées législatives, en proclamant de nouveau la séparation des pouvoirs, n'ont pas retracé, entre les différens pouvoirs, des lignes de démarcation qui fussent sensibles à tous les yeux, je vais marcher à cet égard dans la voie lumineuse de ce respectable auteur.

« Le pouvoir administratif (dit-il), ordonne et dispose. — Les jugements des tribunaux ne sont que déclaratifs ; c'est-à-dire, que l'autorité judiciaire se borne à déclarer que tel fait existe, que tel acte renferme telle disposition, que tel droit appartient à celui qui le réclame ou qui le conteste.

» Le pouvoir administratif statue sur les rapports des citoyens avec l'état, sur les difficultés qui se décident *par la loi politique*, et qui intéressent le gouvernement, *comme gouvernement*. — L'autorité judiciaire statue sur les rapports des citoyens entre eux, sur les affaires qui intéressent le gouvernement, *comme propriétaire*, sur toutes celles dont la solution dépend des dispositions *du droit civil, des titres, des conventions, et de la possession des parties*.

» L'autorité judiciaire ne dispose que sur les contestations actuellement existantes, que sur les procès qui naissent d'un droit en litige, ou d'un fait qui porte préjudice à un individu déterminé, et qui n'intéresse la société que secondairement et par son influence sur l'ordre public.

» Le pouvoir administratif a une sphère de pouvoir plus étendue : il peut disposer pour l'avenir ; il peut agir sans être provoqué ; il peut donner des décisions qui ne lui sont pas demandées, et prendre des mesures de conservation et de prévoyance sur les objets qui, par leur nature, par leur destination, et par l'habitude et le besoin d'en user, intéressent *l'universalité* des citoyens.

L'autorité judiciaire n'a d'action que sur *les individus* qui se présentent ou qui sont traduits devant elle. Elle ne peut que refuser ou accorder ce qui lui est demandé; et toute ordonnance émanée d'elle qui serait par forme de règlement, c'est-à-dire, qui disposerait pour l'avenir et hors du cercle de la contestation qui lui serait soumise, constituerait de sa part un véritable excès de pouvoir. (V. la loi du 24 août 1790, art. 13; C. civ., art. 5.)

» Tout ce qui est d'exécution (à l'exception de l'exécution des jugemens) appartient au pouvoir administratif. En conséquence il ordonne les travaux qu'il juge être indiqués ou commandés par le bien public. En conséquence, il peut agir sur les citoyens pris *collectivement*, et décréter que, vu l'urgence et le défaut d'autre moyen, tel ouvrage sera confectionné par telle commune ou par plusieurs réunies; et, par une suite naturelle de cette attribution, il a encore le droit d'écarter tous les obstacles qui pourraient s'opposer à l'exécution de ses ordonnances, et de statuer sur les oppositions et sur les réclamations auxquelles ces travaux pourraient donner lieu.

» Mais, dans ce dernier cas, c'est-à-dire, lorsque l'administrateur statue sur les réclamations des citoyens, ce n'est pas en sa qualité d'administrateur qu'il agit, mais comme juge; car on ne peut prononcer que par des jugemens sur les droits des particuliers, et il n'y a que les actes de l'autorité judiciaire qui aient la force et l'efficacité des jugemens.

» Il y a donc des circonstances où le pouvoir administratif et l'autorité judiciaire est dans la même personne. Dans ce cas c'est une exception à la règle, qui veut que les pouvoirs soient distincts et séparés. La circonstance que les conseils de préfecture, qui sont en pareille matière, de véritables juges, ressortissent, non aux Cours royales, mais au conseil d'Etat, n'est qu'une simple modification, qui ne change pas leur nature. Tout ce qui en résulte, c'est qu'ils appartiennent à la classe des tribunaux *extraordinaires* et *d'exception*. Dès lors, semblables aux tribunaux de paix et de commerce, ils sont bornés, comme eux, à un certain genre d'affaires.

» Mais les tribunaux extraordinaires ne peuvent connaître que des affaires qui leur sont attribuées par une loi formelle et spéciale; et les questions relatives à leur compétence sont plus de fait que de droit; c'est-à-dire, que toutes se réduisent au point de savoir s'il existe une loi qui, faisant exception au droit commun, en attribue la connaissance au tribunal extraordinaire que l'on veut en saisir.

» Lors donc qu'il s'élève une difficulté sur le point de savoir si une question doit être soumise aux conseils de préfecture (au pouvoir administratif en général), le problème est bien facile à résoudre : il ne s'agit que de savoir si quelque loi leur confère le droit d'en connaître ; et l'on éviterait bien des incertitudes, et même bien des conflits, si on leur imposait l'obligation de rapporter dans chacune de leurs sentences, la loi qui les autorise à la rendre.

» Rien n'est plus commun que d'entendre dire : telle affaire est administrative, tel procès doit être jugé administrativement. Maintenant on voit comme cette manière de parler est vicieuse, combien elle peut jeter de confusions dans les idées. L'administration *règle, dispose, ordonne*, mais *jamais elle ne juge :* et s'il arrive qu'un administrateur rende un jugement, c'est *comme investi de l'autorité judiciaire en cette partie.* Ainsi, dans notre ancien régime, les intendans des provinces jugeaient les affaires de contrôle et de centième denier, et les délits de police commis sur les grandes routes. Ainsi dans notre organisation actuelle, les maires des communes sont juges de certaines contraventions aux règlemens de police. »

Après ces notions préliminaires il est facile de voir que la connaissance des difficultés à juger sur la question qui nous occupe appartient *au pouvoir judiciaire.*

En effet, puisque l'autorité administrative n'a, dans ses attributions, en règle générale, que le droit d'ordonner, de régler, de disposer; si elle ne statue que sur les rapports des citoyens avec l'état, sur les difficultés qui se décident par la loi politique et qui intéressent le gouvernement comme gouvernement; si elle n'agit que dans les objets qui intéressent l'*universalité* des citoyens, sur les citoyens pris *collectivement;* si dans les circonstances où elle a l'autorité judiciaire, elle n'est considérée que comme tribunal extraordinaire et d'exception; et si, comme tous les autres tribunaux d'exception, elle ne peut connaître que des affaires qui lui sont attribuées par une loi *formelle* et *spéciale*, et qu'elle ne juge *jamais* que comme étant investie de l'autorité judiciaire en cette partie *seulement*, il est de toute évidence qu'elle est incompétente pour connaître de toute autre matière, et que toutes les autres affaires qui ne lui sont pas formellement et spécialement attribuées par une loi, restent dans le droit commun et rentrent dans la connaissance des tribunaux ordinaires. C'est le cas de la question proposée.

Dans ce cas, la transaction est un acte ordinaire passé entre des particuliers et pour des intérêts particuliers. Car les communes et les établissemens publics ne sont considérés que comme des particuliers quoique composés de plusieurs individus, mais réunis en nom collectif, comme toute autre société; et il y a loin de ces réunions d'individus formant corps, avec l'*universalité* des citoyens formant la grande société, la nation entière : c'est comme un tout divisé en plusieurs parties, dont chacune prise à part ne forme qu'un individu particulier par rapport à ce tout, au corps entier. Et si l'autorité administrative ou le gouvernement intervient dans les actes et dans les actions de ces communes et établissemens, elle n'intervient que comme tuteur et tuteur-né de ces corps moraux, et dans leurs intérêts particuliers, comme tout autre tuteur à l'égard des personnes qui sont en tutelle ; car c'est dans cet état que sont placés les communes et les établissemens publics. Mais cela ne change rien à l'ordre judiciaire ; et les difficultés qui peuvent s'élever sur les transactions souscrites par les communes et les établissemens publics avec l'approbation du gouvernement restent dans la classe des matières ordinaires et dans les attributions par conséquent, des juges ordinaires.

C'est aussi d'après ces principes que la question a été décidée par un décret impérial du 2 janvier 1812, en conséquence d'un renvoi au conseil-d'état, dans l'espèce suivante.

Le 28 janvier 1799, le sieur Charles-Joseph-Casimir Caissoti Verdun fait un testament par lequel il institue pour ses héritiers universels, les hospices de charité et de Saint-Jean de Turin ; et il charge son exécuteur testamentaire de payer au sieur Lautard une somme de 4,000 livres de Piémont (4,800 fr.).

Le même jour ce testament est homologué par le sénat de Turin.

Après la mort du testateur, les sieurs Pierre-Louis Lautard et Louis-Jean-André Lautard, frères, ses présomptifs héritiers réclament contre le testament, et articulent des faits tendant à déterminer l'autorité à leur abandonner, soit par provisoire, soit par concession définitive, une somme d'argent moyennant laquelle ils s'estimeraient satisfaits et se réduiraient au silence.

D'après cette disposition, ils s'occupent d'un projet de transaction à passer entre eux et l'administration des hospices de Turin. Ils y bornent leurs prétentions à une somme capitale de 18360 fr.

Par procès-verbal du 19 juin 1806, la commission administrative déclare *qu'elle adhère à la transaction proposée*.

Le 3 juillet suivant, arrêté du préfet du département du Pô, qui, adoptant les avis du comité consultatif et du conseil de préfecture, autorise la commission à payer, aux termes de la transaction, les 18360 fr. aux frères Lautard, à la charge par eux, de fournir caution jusqu'à l'approbation de la transaction par le gouvernement.

La caution est fournie; les 18360 fr. sont acquittés et la transaction est sanctionnée par décret impérial du 11 mars 1807.

Cette opération consommée, le sieur Pierre-Louis Lautard, par exploit du 21 novembre 1809, se fondant 1° sur une promesse à lui faite par

Charles-Louis Caissoti, père du testateur, de le nommer pour héritier universel en cas que celui-ci décédât sans enfans; 2° sur l'empêchement que le testateur a, dans le temps, apporté à ce que son frère fît un testament en faveur de lui Lautard, en promettant de laisser à ce dernier, non-seulement l'hoirie paternelle, mais encore l'universalité de ses biens; 3° sur une lettre adressée le 21 juin 1791 par le testateur au président Trinchierie à Nice, venant, suivant lui à l'appui des précédentes assertions; demande à la commission des hospices de Turin une provision de 20,000 fr., abstraction faite de ce qu'il a touché en vertu de la transaction.

Le 25 août 1810 jugement du tribunal de première instance de Turin, qui, avant faire droit sur cette demande, ordonne le dépôt au greffe de la lettre du 21 juin 1791, et admet le sieur Lautard à la preuve des faits qu'il articule.

Le 18 mai 1811, arrêté du conseil de préfecture, qui, sur la demande de la commission, l'autorise à appeler de ce jugement pour cause d'incompétence.

Cependant le sieur Lautard obtient de la cour d'appel de Turin un arrêt qui assigne les parties à plaider sur le fond, à l'audience du 15 juin suivant. Le 7 du même mois, arrêté du préfet qui élève le conflit.

En conséquence, l'affaire est portée au conseil-d'état; et le 2 janvier 1812, intervint le décret impérial ainsi conçu :

« Napoléon....., vu la transaction passée le 19 juin 1806, entre la commission administrative des hospices civils de Turin, et les sieurs et dame Lautard, relativement au testament de Charles-Joseph Caissoti-Verdun, du 28 janvier 1799; vu notre décret du 11 mai 1807, portant approbation de ladite transaction; vu la délibération prise le 18 décembre 1809, par la commission administrative des hospices civils de Turin, sur les nouvelles instances introduites contre elle par les sieurs et dame Lautard, au sujet du susdit testament, et aux effets de la susdite transaction; délibération par laquelle la commission administrative demande à être autorisée à défendre contre eux, devant les tribunaux, les intérêts des hospices; l'avis du comité consultatif de la même commission, en date du 26 janvier 1810, lequel conclut à ce que ladite commission soit autorisée à plaider; la délibération du conseil de préfecture du département du Pô, en date du 13 février 1810, laquelle accorde ladite autorisation; le jugement rendu en conséquence par le tribunal de première instance de Turin, le 25 août 1810, lequel admet les sieurs et dame Lautard « à établir par voie d'enquête les faits par eux dénoncés à l'appui de leur demande en dommages et intérêts contre l'hoirie Caissoti-Verdun, fondée, entre autres motifs, sur celui que les nouvelles instances introduites par les susdits sieurs et dame Lautard, ont un objet différent de celui qui a été réglé par la transaction précitée du 19 juin 1816; » la nouvelle délibération de la commission administrative des hospices civils de Turin, en date du 19 mars 1811, tendant à être autorisée à interjeter appel du jugement du tribunal de première instance, du 25 août 1810, pour cause d'incompétence; l'avis favorable du comité consultatif, du 16 mai 1811; la délibération du conseil de préfecture du département du Pô, en date du 18 des mêmes mois et année, accordant ladite autorisation; l'arrêté du préfet du département du Pô en date du 7 juin dernier, lequel annonçant que la cour impériale de Turin a renvoyé sur l'appel les parties à l'audience, pour plaider tant sur la question de compétence que sur le fond de l'affaire, élève le conflit sur l'injonction faite par la cour d'appel, et d'après les motifs suivans : « Que les hospices ne peuvent ester en jugement qu'autant qu'ils y sont autorisés par les conseils de préfecture; que l'arrêté du conseil de préfecture du département du Pô, en date du 18 mai 1811, a simplement autorisé la commission des hospices à interjeter appel du jugement rendu par le tribunal de première instance, pour déclarer, avant tout, l'incompétence des tribunaux dans cette contestation; que l'injonction faite par la cour d'appel, de plaider sur le fond de l'affaire, excède les limites de l'autorisation accordée par la délibération précitée du conseil de préfecture; et que la cour d'appel ne peut connaître du fond sans se déclarer elle-même compétente; que s'agissant de l'interprétation d'une transaction passée administrativement sous la direction du préfet, et définitivement approuvée par Sa Majesté l'empereur et roi, c'est à l'autorité administrative seule qu'il appartient de connaître des contestations de cette nature;

» Considérant que le gouvernement, en se réservant par l'art. 15 de l'arrêté du 17 fructidor an IX, le droit d'approuver les transactions conclues entre les commissions administratives des établissemens de bienfaisance et les tiers avec lesquels elles se trouvaient en contestation, n'a eu et n'a pu avoir pour but que d'intervenir, comme tuteur né de ces établissemens, et dans leurs intérêts, pour examiner s'il a été suffisamment pourvu à la conservation des droits des pauvres par lesdites transactions, et non pas de prononcer par voie d'arbitrage entre les parties sur les objets en litige, ou d'évoquer à lui la décision des contestations par voie administrative; que cette approbation donnée, *les transactions rentrent dans la règle ordinaire du droit, comme si elles avaient été passées entre particuliers, pour tout ce qui concerne leur interprétation, leurs effets, leur étendue et leurs limites;* que l'approbation donnée par nous ne préjudicie rien sur les contestations qui s'éleveraient à cet égard, *lesquelles rentrent elles-mêmes dans la juridiction des tribunaux ordinaires;*

» Considérant que la commission administrative des hospices civils de Turin, dans sa délibération du 18 septembre 1819, le comité consultatif dans son avis du 26 janvier 1810, le conseil de préfecture du département du Pô dans sa délibération du 13 février même année, avaient eux-mêmes reconnu ce principe, en demandant ou accordant l'autorisation pure et simple de plaider sur le fond :

» Sur le rapport de notre ministre de l'intérieur, notre conseil-d'état entendu, nous avons décrété et décrétons ce qui suit :

Art. Ier. L'arrêté du préfet du département du Pô, en date du 7 juin 1811, élevant un conflit tant sur le jugement du tribunal de première instance de Turin, en date du 25 août 1810, pour cause d'incompétence, que sur l'injonction faite aux parties par notre cour impériale de plaider à l'audience sur le fond de l'affaire, en même temps que sur la question d'incompétence, est et demeure annulé.

» Art. II. La commission administrative des hospices civils de Turin est autorisée à défendre devant nos cours et tribunaux contre les nouvelles demandes des sieurs et dame Lautard, concernant l'hoirie Caissoti. »

CHAPITRE VIII.

Si l'on peut transiger sur le sens et l'effet d'un acte administratif.

Des particuliers qui plaident ou qui sont en contestation sur le sens et l'effet d'un acte administratif, peuvent transiger et compromettre sur leurs contestations, si, quel que soit le résultat du litige, aucune action ne peut être réfléchie contre le domaine.

C'est la conséquence du principe universel qui veut que chacun puisse disposer, user et abuser de ses droits comme bon lui semble, pourvu qu'il ne nuise point à autrui, et de la maxime que *res inter alios acta neque nocet neque prodest.*

Il n'y a donc pas de raison pour empêcher de transiger sur un pareil objet pas plus que sur tout autre, tant que les intérêts des tiers qui ne sont point parties dans l'acte, ne sont point froissés par la transaction.

Cette question paraît même oiseuse : elle n'aurait point été faite si déjà elle n'avait été soulevée dans d'autres occasions, et soumise à la décision des tribunaux. Mais il en est de ce cas-ci comme de bien d'autres, qui ne sont que le résultat des travers de l'esprit humain, mais surtout du caprice et des passions de l'homme.

CHAPITRE IX.

SI L'ON PEUT TRANSIGER SUR L'USURE.

Une transaction faite sur l'usure, alors même que l'emprunteur ayant reçu tout l'argent dont il avait besoin, ne peut plus exciper de la nécessité première; alors que les parties calculant entre elles tout ce qui est de loi et de convenance ou d'équité ont voulu se faire justice amiable pour n'avoir pas à recourir vers la justice des tribunaux est-elle licite et valable ?

—Oui.

Cette question, qui est controversée, pour laquelle M. Sirey, tom. 22, part. 2, p. 41, soutient la négative, et M. Chardon, président du tribunal d'Auxerre embrasse l'affirmative, dans un écrit ayant pour titre : *De l'usure dans l'état actuel de la législation*, ne présente pas, suivant moi, les difficultés qu'on a l'air d'y attacher.

Qu'est-ce qu'une chose illicite ? Suivant l'acception la plus commune, c'est tout ce qui n'est pas permis par la loi; et d'après l'art. 1133 du Code civil, « la cause illicite (d'un contrat ou d'une convention), est celle qui est prohibée par la loi, quand elle est contraire aux bonnes mœurs ou à l'ordre public. »

Parmi les causes illicites, il y en a qui sont considérées comme des délits; d'autres où la loi n'y attache pas ce caractère, si ce n'est dans le sens moral, mais où elle n'attache pas de peine publique, parce qu'elles n'attaquent pas directement le public, quoiqu'il soit pourtant dans l'intérêt général de les prohiber pour prévenir le désordre qui pourrait résulter de leur tolérance, et de l'abus qu'on pourrait en faire. Ces causes illicites, ces contraventions à la loi sont réprimées par la nullité de l'acte qui les contient.

L'usure est une de ces causes que la loi du 3 septembre 1807 met au nombre des délits, art. 4, lorsqu'elle est *habituelle*.

Suivant les règles des transactions s'il n'est pas permis de transiger sur ce qui regarde l'*intérêt public*, il est permis de transiger sur ce qui concerne l'*intérêt privé*, c'est-à-dire, sur les intérêts civils, sur les dommages que le particulier a pu éprouver par suite du délit, sans préjudice de l'action du ministère public dans l'intérêt de la vindicte publique. (V. là-dessus, ce qui est dit art. 10, chap. 3.) Si dans tous les cas la partie privée est maîtresse de renoncer à ses droits, aux dommages qui lui sont dus, à la réparation du préjudice qui lui a été causé par la mauvaise action d'un tiers, par un crime ou un délit, pourquoi n'aurait-t-elle pas ce droit pour le délit d'usure comme pour tous les autres? est-ce que les autres cas de délit ne sont pas aussi illicites que le délit d'usure? est-ce que la loi dans un cas quelconque, permet de nuire impunément à autrui en aucune façon? Si donc il est permis de transiger sur les intérêts civils résultant de tous les délits en général (et sous ce nom on comprend toutes les infractions aux lois, sauf la dénomination de *contraventions*, de *délit* en particulier, de *crime*, suivant que l'action est plus ou moins grave, et la peine que la loi attache aux diverses infractions, art. 1er du Code pénal). Si donc, dis-je, il est permis de transiger dans tous ces cas, il l'est également sur le délit d'usure.

Mais comment concilier cette doctrine avec l'art. 1131 du Code civil, qui déclare que: « L'obligation. . . . sur une cause illicite *ne peut avoir aucun effet.* »

Mais d'après ce qui vient d'être dit, on voit que cette question peut être faite à l'égard de tous les délits en général. Dès lors on peut répondre pour le délit d'usure ce que l'on répondrait par rapport à tout autre délit, que l'art. 1133 n'est relatif qu'à toutes les obligations ou conventions autres que les transactions; c'est-à-dire, à tous les traités primordiaux, à tous les contrats qui se passent entre des personnes qui entrent en relation d'affaires pour la première fois à raison de l'objet qui fait la matière du contrat primordial, qui par conséquent n'a aucun rapport à la transaction. Voilà le cas pour lequel l'art. 1133 est fait. Mais il en est autrement lorsqu'il s'agit de s'accorder sur les difficultés, sur les contestations que l'exécution de ce contrat fondamental peut faire naître. C'est alors le cas de la transaction, qui est permise entre les parties privées dans toutes les occurences pour terminer et vider les différends qui les divisent et prévenir les procès, et où l'art. 1133 n'est pas applicable. Car dans ce cas il ne s'agit point de faire des conventions primitives fondées sur des causes illicites, mais au contraire, de mettre, par la transaction, fin à toutes les difficultés que ces causes illicites auraient pu faire naître entre les parties; et, ainsi que nous avons eu plus d'une fois occasion de le dire, comme les transactions sont les actes les plus recommandables comme étant un moyen d'entretenir la paix et la concorde parmi les citoyens, d'éviter des procès qui ne deviennent ordinairement que fort vexatoires et fort préjudiciables, quelquefois ruineux pour toutes les parties, et que *multùm lucratur qui à lite dicedit*, ce sont aussi les actes auxquels, de tous les temps et partout, les lois ont accordé le plus de faveur. D'où vient que l'on peut transiger sur toutes sortes de matières, quant à ce qui regarde l'intérêt civil ou privé; mais il en est autrement lorsqu'il s'agit de l'intérêt public, par la raison que les particuliers ne peuvent pas déroger à ce qui intéresse la religion, l'ordre public, les mœurs; *privatorum pactis juri publico derogari non potest;* et l'on ne peut transiger sur rien qui blesse quelqu'une de ces trois choses, parce que la répression des actes qui les blessent appartiennent à la justice criminelle, sur la poursuite du vengeur public, pour ce qui regarde, en pareil cas, la vindicte publique, mais nullement pour les intérêts civils, pour les dommages de la partie privée, qui doit pour cela s'adresser elle-même directement aux tribunaux criminels accessoirement en qualité de partie civile, lorsque la cause est déjà pendante devant eux, ou qu'elle-même a provoqué la poursuite ou l'action du ministère public, si mieux elle n'aime s'arranger à l'amiable avec sa partie contre, ce qui dès lors s'appelle faire une transaction.

D'après tout cela il est donc vrai de dire que *l'on peut transiger sur l'usure, quant à ce qui regarde l'intérêt civil,* et entre les parties privées, surtout dans les circonstances ramenées dans la question proposée et que nous venons de résoudre : *cette transaction n'est pas illicite.*

FIN.

TABLE DES CHAPITRES

QUI DIVISENT LE TRAITÉ DES TRANSACTIONS.

TABLE ANALYTIQUE

DES MATIÈRES

CONTENUES DANS LE TRAITÉ DES TRANSACTIONS,

PAR ORDRE ALPHABÉTIQUE.

(Le chiffre à gauche marque les paragraphes de chaque article, celui de droite désigne la page).

www.ingramcontent.com/pod-product-compliance
Ingram Content Group UK Ltd.
Pitfield, Milton Keynes, MK11 3LW, UK
UKHW012210240726
13966UKWH00002B/674